砚林笔记

你相砚石，砚石也在相你。多折磨自己，
刻砚抒自己心怀难，将思想融通于砚更难。
刻砚在施亦在舍。方能少折腾砚石。
刻砚先得知砚知石，知己知艺，知融会贯通。
刻砚刻到短笛无腔是一境界。

——飞鹏砚语

俞飞鹏 著

中国社会科学出版社

图书在版编目（CIP）数据

砚林笔记/俞飞鹏著．—北京：中国社会科学出版社，2008.6
ISBN 978‑7‑5004‑6956‑8

Ⅰ．砚…　Ⅱ．俞…　Ⅲ．砚—基本知识—中国　Ⅳ．K875.4

中国版本图书馆 CIP 数据核字(2008)第 073874 号

策划编辑　卢小生（E‑mail：goorgelu@ vip. sina. com）
责任编辑　卢小生
责任校对　王雪梅
封面设计　高丽琴
版式设计　李　建

出版发行　中国社会科学出版社
社　　址　北京鼓楼西大街甲 158 号　　　邮　编　100720
电　　话　010—84029450(邮购)
网　　址　http://www.csspw.cn
经　　销　新华书店
印刷装订　北京地大彩印厂
版　　次　2008 年 6 月第 1 版　　　印　次　2008 年 6 月第 1 次印刷
开　　本　787×1092　1/16
印　　张　12.75
字　　数　156 千字　　　印　数　1—6000 册
定　　价　58.00 元

序

　　中华民族，历史悠远。中华传统文化，如浩宇中棋布的星辰，有的星光灿烂，有的依旧闪烁，而有的在徜徉于信息时代的今天，却与我们渐行渐远。曾经啸傲文房且风光无限的砚，便是其中之一。

　　砚，在我的印象中，或方或圆，作研墨、写字、画画之用。而言及砚的渊源品类、名手名家、收藏鉴赏却大抵茫然。更不知美砚如美人，讲究形象、气质、涵养、神采，不仅要秀于外，还须得慧于中；佳砚如名士，讲品位、讲格调、讲风雅、讲情境，其创意妙造能出天地之外，寓学理于其间。

　　优秀的传统文化，传承研究需要人，弘扬光大更需要人。伴随着收藏热的文房宝砚，在逐步退出功用，离日常渐远时，这一研究领域中，出现了一特立独行的吟唱，他就是著名砚雕家俞飞鹏先生。

　　俞飞鹏刻砚深植传统，汲传统文化之精要，下刀随石随心，浑然浑成，宛若天开。形于内而逸于外，书卷气息浓郁。他的作品曾得到中国文房四宝协会郭海棠会长、中国著名砚台鉴定专家蔡鸿茹先生、中国工艺美术大师黎铿先生等多位名家的赞誉。他的砚作中国苴却砚之王——《百眼百猴》巨砚获得中国艺术节金奖，《皇宋元宝》砚荣获第十一届全国文房四宝博览会暨首届全国名师名砚精品大展金奖，砚林珍品《幽》砚被天津艺术博物馆永久收藏。他又不局限于刻砚，还著书立说，其论及砚文化的书及文章文采飞扬。

《砚林笔记》这本书的写作，从布局构想到语序、语境，作者都另辟蹊径，用淡雅脱俗、灵性飘逸的文字，娓娓道来。很专业的砚，被他写得深入浅出，鲜活生动，别开生面。他剖析、解读古砚，却稀见抄搬古籍。书中的事例、引人入胜的故事皆源于他的艺术实践。他谈砚由表及里，通俗易懂，点评恰到好处。

艺术工作者的心时常是敏感的，他们创造美，对美的事物有异乎寻常的爱。即便是在清冷、寂寞之际，在不快和身心俱疲之时，他们仍在固守着这份爱，仍在表达着爱的感悟。酷爱砚艺的俞飞鹏先生，视刻砚如生命。岁岁年年，他埋头于砚林，寂然地读书、默默地刻砚；累并思索着，痛并快乐着。作为该书的责任编辑，我对他在事业上的执著，几十年如一日的淡定、坚守而称佩。

一个艺术工作者，只有认准方位，具备超常的功力和定力，不为纸醉金迷的外界所诱惑，不为物欲横流所迷惘，艺术上才有可能淋漓挥发，才有可能登临至艺术的珠峰。在我看来，俞飞鹏先生具有这样的功力，具有这样的定力。

德国哲学家黑格尔说：一个民族有一些关注天空的人，他们才有希望；一个民族只是关心脚下的事情，那将没有未来。有感于这话的俞飞鹏先生认为，一个民族是这样，一个行业、领域亦如此。我想，在他所热爱的砚雕艺术，在名砚之林，他是在以不悲、不欢、平和、安然的心态，致力于做一个关注天空的人。而这片天空，也将因他的不懈耕耘而更加广阔，更富丽彩。

真正的大师，是不应只关心脚下，泊于小我的。

俞飞鹏先生，现在是四川省工艺美术大师。我以为，得以流芳的艺术家，多不在意于一时的名号，况古往今来的名宿巨匠，尽不在头衔、衣冠，但愿堪称方家的俞先生也一样。

是为序。

海鸿

2008年春于北京

砚林笔记

前　语

家有一葫芦。

葫芦状浑古，形圆满。刚到我们家时，它身披一色的绿装，像青涩的少年。摇摇，实实的，悄无声息。

印象中的葫芦，古老、神秘、奇异。它多相伴于江湖高人，武林圣手出现，身携葫芦者大多是具仙风道骨之人。葫芦里盛美酒，置灵丹，奇招藏隐于葫芦，葫芦里说不定就蹦出妙招。

葫芦在家中，不知不觉有了变化。它全身由绿转黄，开始，泛黄的颜色一小点一小点地出现在葫芦的头部，然后自上而下，直到浑圆的全身。这时，摇晃摇晃葫芦，可听见葫芦里的声响。变黄了的葫芦，青涩不再。浑黄成熟的色泽，如人生灿然的金秋。这时的葫芦摩挲于手，自会感到别样的舒适。

我常想，葫芦之让人爱，有古老文化赋予的通灵、神秘因子，有民间"葫芦"与"福禄"的音韵相谐，还在于它不仅具有流于外的美形，还有寓于内的玩味。

相石刻砚，岁岁年年。在下刀木然、灵感不至的间隙，在烦恼袭临、心境不畅的夜晚，我会看看葫芦，品读葫芦，抚摇葫芦，聆听它发自内心的声音，思想它寓于其中的意蕴。

葫芦本天成，有容乃大。砚涵天地精华，聚日月灵气，既在天，也在人，是人与天的合二为一。

砚与葫芦似毫不相干。可我觉得，它们像着呢！

目 录

目　录

目　录

目　录

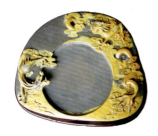

目 录

目　录

目　录

目　录

目　录

砚　话

一

有人买一砚。

古旧市场
市场上，多见瓷器、铜器、玉饰等物，是有心的淘宝人时常光顾之地。

买这砚的人说，之所以买下这砚，一是这砚看着像古砚，二是感觉这砚像端砚。

这方砚，买砚人说，他是在成都火车站附近，从一布衣老者手中买下的。砚上陈墨凝结，泥垢斑斑，是一眼看去很陈旧的古砚。砚上雕刻的是云龙，了得的是这云龙的眼睛是用砚石上天生的石眼巧刻形成。卖砚人时而将砚背雕刻的"吴兴钱起"铭文亮亮，说这砚是刻有文字的唐朝的砚。

古砚是以稀为贵之砚。古砚留存于世，看到一方是一方，失去了一方，也就永久性地没有了、消失了。古砚还贵在有铭，有铭文的古砚更受藏家青睐，更具收藏价值。因为古砚的存世量只会越来越少而不可能日渐增多，因而，知道古砚的价值并留心收藏的人为数日多。

端砚是中国传统的四大名砚之一。传统上的四大名砚是端砚、歙砚、洮河砚和澄泥砚。其中，端砚产于现今的广东省肇庆市。是石色、造型、雕刻皆别具特色的名砚，也可以说是中国有砚以来影响巨大、流传最广的名砚。端砚的石色为淡紫肝色。端砚的造型，总体上看，方正端庄。雕刻上看，端砚的雕刻层叠、空浮且分明，以平整、细致、镂空手法为其特色。

砚上有砚铭，若这砚是唐砚，当无疑是年代久远的古砚了。买砚人买下这砚，心有疑惑，想尽快确定这砚是否真为唐砚。一天，他特意来工作室找我，想请我去他家看看。

我问，这砚有多大？形状是方形还是正圆形？

他说，砚和普通书籍大小差不多，形态是长椭圆形。

厚度大概有这么厚，对吗？我用手比了比。

他说，对，对。

我问，是雕的云龙，龙的双眼是金黄色石眼，砚背刻有"吴兴钱

幽砚
22厘米×14.8厘米×3厘米 俞飞鹏作
自然、寂然、幽然。绿水江南的幽静
安谧，于几尾小鱼自由自在地嬉游中悄然
生发。

"起"字样，字体是端正的楷体字，对吧？

他惊奇。

这砚的开价可不低，要价至少是7000元？

他惊愕。

我说，砚上雕刻着"吴兴钱起"，吴兴是一地名，为现今的浙江省
吴兴县。钱起，字仲文，是唐天宝十年进士，"大历十才子"之一。

这砚云龙造型不错，整体布局也挺好，细看龙头的雕刻，龙爪的处理、龙鳞的做工都很到位，云雕得也有层次感，砚应是一方端砚。但是，这砚不是出自唐代的端砚。

其一，端砚出于唐武德年间，但宋以前的端砚雕刻尚处在初级水平，远没达到你现在这方砚的技艺。

其二，砚上雕的云龙是典型的清代云龙。唐龙和清龙在造型上有很大的不同。比方说龙头，唐代的龙头上还没有明确的龙鼻子，唐龙的上唇高高翘起，口角长而深。你可回去看看，这砚上的龙显然没有我说的唐龙的特征。

其三，唐砚多是圆形砚，带足。唐砚大气古朴，砚池、砚堂开的和当代制砚有很大不同。就这方砚流畅的椭圆形看，宋以前制作的砚还没有这样的砚形。

买砚人说，听你这么讲，好像早已看过这砚？可是，这方砚我才从成都带来不久啊。

我说，半年前在攀枝花，我即已看到过这样的砚了，而且前后看过两方。

买砚人心有不甘，又问，你说砚上雕刻的钱起是唐朝的人名，这砚却不是唐代的砚，这怎么回事呢？

我说，唐朝的确有钱起这个人，你翻一翻全唐诗，就能读到钱起的诗作，但是，这方砚却一定不是唐砚，砚上铭刻的字是作伪者雕刻上去的。只是，作伪的人对传统古砚的形态演变，对不同朝代的龙的造型特征还缺乏了解，尚处于作伪的初级阶段罢了。

二

有家开在砚乡的小店，店里稀疏摆放了130多方歙砚。店老板日出开店，日落歇息，不知不觉中，小店在平平淡淡中开了数年。

烟波一梦里砚

20厘米×18厘米×4.8厘米 俞飞鹏作

石品为罕见的封雪红。这方被认为"一年之中难得"的逸品，是作者有感而发的即兴之作。砚中作者将料石的尖凸部分一刀巧作成笠，渔人合目而坐，如神思于烟波梦里。

砚林笔记

一天，店里来了两个香港人。他们看砚，也没说什么话。在一方小砚面前，两个人站住了。其中一人拿起砚，边看边呵了呵气，然后在手上来回摩挲多时，才交给另一人，这人仔仔细细又看许久，将小砚放回原处。

小砚是一方具赏玩之功的砚。这砚，制作上要求比例恰当，大小如少女掌心。如此大小的砚，曾像宜兴紫砂壶一样风行过台湾。小砚上的细雨金星，细细密密，如秋夜的雨丝在星空斜斜刷下。砚上刻一蕉叶，叶下刻一青蛙，非常乖小，作伏状，整体秀雅而清新。

天色不早，两个人看看砚，走到了店门口。店老板见他们似乎没有买砚的意向，心想今天将又是白坐一天，边想着，边随手将刻有蕉叶青蛙的小砚送给了他们。接过小砚，两个人一阵惊讶，其中的一人，很快掏出 1000 港币，塞给了店老板。

一方小砚，换来了 1000 港币。按往常，300 元一方的砚价，要成交都难，这是开店以来难得的生意啊！

令店老板更觉惊奇的是，走出店门的两位香港人，三转两转又回到小店。这次他们提出要用 12 万港币将小店的歙砚全部买下。店老板心里暗暗高兴，但口中还是还了个价，坚持要 19 万港币。双方来回讨价还价，最后，基本徘徊在 15 万港币这个价位，看着价位也就这样了，店老板装着咬咬牙，把店里的砚全卖给了他们。

砚乡大大小小有十多家砚店，港人为何单单在他这儿买砚呢？有人说，可能是他的小砚送得好，可卖砚的店家也有送砚的，他人送砚怎么就没换来一笔生意呢？130 多方砚，一次性卖出，成交了 15 万港币，大把数着票子的店老板别提有多兴奋了。

一星期后，砚石原料忽然暴涨。店老板拍脑袋一算，他刚卖出的 15 万港币的砚，稍稍放一放，至少可多卖 6 万港币。

皇宋元宝砚

23.8厘米×17.9厘米×4.2厘米

俞飞鹏作 俞志龙藏

第十一届北京全国文房四宝博览会暨首届全国名师名砚精品大展金奖。此砚作者抓住文物古器出土的瞬间，结合砚料自身的特点创意而成。砚中作者对形态各异的器皿进行了多角度刻画，其中在青铜古器的碎裂感、残缺美以及青铜质地、锈迹、陈泥的艺术表现上尤见精彩，显示了作者高超的技艺及深厚的艺术功底。砚的左中部位，作者雕刻了多枚古钱，其中一枚为大小厚薄与真钱无异的宋代珍稀钱币"皇宋元宝"。该砚集金地鱼子与封雪红等名贵石品于一身。整体予人以凝重、浑然之感，是一方不可多得的砚林珍品。

砚林笔记

三

　　品评一方砚，作为砚的制作者，最想听到的当然是好评。因为作者每雕出一方砚，客观地说，他理当是努力地想雕好这方砚，想方设法要刻好这方砚的。他最不想听到的是他努力雕刻出来的砚被说得这里有问题那里有问题。不过，对涉足砚林不深的制砚者而言，问题是客观存在的，砚中出现的某些问题，是努力了也未必可以解决得了的。

　　有个年轻的砚艺初学者，他带着几方学做的小砚参加砚石展，我看了，觉得砚的制作还算踏实，样式感觉也质朴，于是从鼓励的角度给予了好评。他喜于我的好评，每每遇见我总是笑容可掬。一天，他带着新做的几方砚来找我，其中一方雕的是山水，图案临自《芥子园画谱》。一方雕的是仕女，仿照的是画家华三川的作品。近些年，砚林中将芥子园、华三川、范增的画作搬、抄到砚里的很多，砚作者自己依形设计，因材施艺的独创的作品已日渐稀少了。

　　从学习砚艺的角度说，我以为，制砚的学习，首先还是要把如何做好一方砚，做好砚本身的砚边、砚池、砚堂、线条放在第一位。初学者大可不必过早地、急切地涉足砚的雕刻，因为图饰的雕刻从来是从属于砚。我们在学习砚雕的过程中，之所以尝试不同题材的雕刻，其最终目的是用来装饰、美化于砚，而不是仅雕好要雕刻的题材。其次，学习砚艺应志存高远，不可急功近利。一个人有功利思想，想把砚做好做精，想功成名家，这本无可厚非。但是，就初学者而言，还是要一步一个脚印，踏实、扎实地学。在学习砚雕技艺时，有意给自己增加雕刻难度是对的，但是，如在初学时注意循序渐进，则应更有利于将来砚艺上的长进与发展。

　　和学习砚雕者谈学砚，尤其是初学者，让初入砚雕之门的初学者

■ 苴却石，金龙戏月

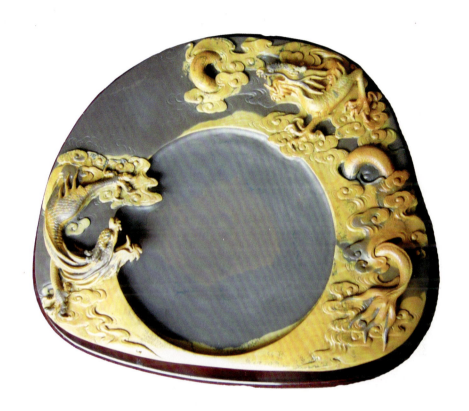

砚林笔记

在入门时树立高远志向，在物欲横流的现时深为不易。

砚雕艺术是一门综合性艺术。砚的源流、演变知识要有，流派、特色须知。辨识料石的经验要有，做砚的功夫、技术要具备。塑造形象、因材创意的能力亦要具有。个人的天赋、秉性、学养、识见、阅历、境遇，等等，皆是学砚者能否做出高水准作品的关键。有道是，做学问之人，需具能坐十年冷板凳的功夫。想浮躁喧嚣的现时，有几人能甘于寂寞地研究、学习砚艺呢？况且，即使这样做了，也未必就一定能成才啊！

我理解，学砚的这个艺徒，他在做这几方砚时，想的当然是尽可能地做好，做得尽善尽美，想少出问题。他把砚带到我这里，希望能得到的是赞许与肯定。

　　初学者带上砚，从我这儿走了。

　　看着他远去，忽地，我想起了多年前和一个砚林前辈的对话。那时，我和这个前辈不期而遇。

　　在一个暮色浓深的傍晚，前辈对我说，我不想教学生，带徒弟。

　　我说，为何？

　　前辈说，你每教会一个徒弟，从此就多了一个瞄准你打的同行。所以，你的雕砚技艺也不要随便传人。

　　我说，人家请我们来，想的就是我们能够传授砚艺，如果我们不教，那别人来请教你，你如何说呢？

　　就说好，好！雕得不错。别人听了心里美滋滋的，但你什么也没教他。

　　我没按前辈说的做。过去没有，对这位前来求教的艺徒，我也没这样做，更没变着法儿让他美滋滋地离开。

　　砚林之中，的确有学会制砚的后生，学到技术的新人，为一己私利，与培养、教会他刻砚的恩师反目成仇，我也不是没吃过这方面的亏。可是，对前来求教的艺徒，我依然如故地认真对待，热心指点，没有仅说"好"去应付。

四

　　苴却砚的起源，众说纷纭（苴却，古地名。苴，音"居"，当地方言读"左"）。

苴却砚何时开始传行天下？

传说在很早以前，古苴却村出了个姓倪的书生。此人自幼天资聪颖，喜好读诗诵词，文思敏捷。为求取功名，这一年，书生决定进京赶考。一日，他在搬取石砚时，失手将砚滑落于地，石砚顷刻之间碎得四分五裂，不能复用。眼看考试行程日近，书生情急之下，急中生智地取用了当地一种紫黑色的、被称作"龙眼石"的石料，粗略地雕制成一方砚。

书生在京城没有求取到功名。不过，他携带的这方龙眼石砚却在京城的文人学士中引起不小的轰动，大家竞相传看，赞许有加，称奇不已。回到村里，倪姓书生开始带领家人，就地采石制砚，由此成为

鱼砚
27.6厘米×8.6厘米×3.5厘米

俞飞鹏作　俞志龙藏
砚料天然成"鱼"，可谓鬼斧神工，尽得大自然造化之神奇。作者以高度浓缩的砚雕语言，用可数的下刀，使此砚虽由人做，却宛若天开，使天与人在砚中合二为一。

创制苴却砚的开山鼻祖。苴却砚从此以后也就始传于天下。

在川、滇交界处，关于苴却砚的起源，还传有几种说法。

其一，起源古南昭国说。

古南昭国兴起于与唐朝相对应之时，是诞生于古滇的一个小国，其统辖区域包括现今已知的苴却石产地。持苴却砚起源古南昭国说法的人认为，唐代是中国制砚史上的重要时期，其重要的一个方面是，砚石在制砚中开始被广泛使用，标志着中国石质制砚时代的开始。苴却砚作为优质的制砚石材，虽说出产于古南昭国秘域，但在这一重要的时期，南昭国在政治、经济、文化上效仿唐朝，在和唐王朝时有交往的过程中，文房用具的使用必不可少。伴随经济、文化的发展及笔墨纸砚的需求增加，于是就地取材，开采苴却石用以制砚，苴却砚因此得以问世。

唐朝，苴却石的栖身之处确属古南昭国秘域。从可考的历史看，古南昭国消亡于宋。其经济、文化发展如何，用砚与否，现在皆难以一一考证。

其二，起源魏、晋说。

中国制砚进程中，有一方名垂砚史的、出自北魏的石砚，这就是1970年出土于山西大同的北魏石雕方砚。此砚砚形正方，立体造型，四足皆方形，砚的正面及四周雕有纹饰，是一方早期制作的著名石砚。

晋代，可以得知的是瓷砚居多，且大量的是青瓷砚，带足。苴却砚是起源于魏还是晋，传说不一。起源于魏、晋的说法仅听到传闻，至今没有见到诸如出土的古苴却砚等实物证明。

其三，宋朝即有苴却砚说。

宋朝，是中国制砚史上承先启后、继往开来的重要时代。砚之形制、式样在宋朝得到确立，制砚工艺在宋朝趋于成熟，堪称砚林典范的抄手砚为宋朝独创。米芾的《砚史》、高似孙的《砚笺》、唐积的《歙州砚谱》、曹继善的《歙砚说》、李之彦的《砚谱》、苏易简的《文房四谱》、叶樾的《端溪砚谱》、蔡襄的《砚记》等众多砚著皆出现于宋朝。这些砚著的迭出，从不同角度促进了砚文化的形成与发展。

　　2002年，中央电视台播出介绍苴却砚的专题中，谈到宋朝即有苴却砚，泸石砚就是苴却砚之说。专题播出后，我先后接到不少关心苴却砚的朋友来电，一位朋友更寄来了录制的光盘。

　　此说来源，出自一篇早已见诸《中国文物报》的文章，文章标题是《龙潭苴却砚就是宋元泸石砚》。龙潭苴却砚，即现今攀枝花的苴却砚。文中谈到，现在的四川泸州市史称泸川。宋时，泸川管辖有姚州

婺源明清古宅
深宅大院上的砖雕门饰，让人联想到歙砚的坚劲与秀逸。

（姚州，今云南省大姚县），姚州所辖区域，包括了古苴却砚石产地。史书中记载的泸石砚应该就是现在的苴却砚。

泸石砚，宋人高似孙的《砚笺》记载："山谷曰，泸川石砚黯黑受墨，视万崖中正砦之蛮溪兄弟也，而无眉耳。"《砚林脞录》载有：山谷铭"泸川石砚黯黑受墨"。1994 年，湖南文艺出版社出版的张国朝的《中国名砚纵横谈》一书，也有"泸石砚产于泸州桂林，因石色乌黑发亮，所以又叫泸州乌石砚"的介绍。从以上描述看，乌黑的泸石砚和品色明丽的苴却石相去甚远，毫无相似之处。

那么，苴却砚究竟始于何时呢？

从云南省永仁县的县志记载看，苴却砚的生产制作，最早可追溯到清朝咸丰年间，至同治、光绪后逐渐兴旺。

苴却砚的"苴却"是一地名，这地名所说的地方，是古代出产苴却石砚的地方。在邻近攀枝花市的云南省永仁县，其城关镇过去就叫苴却镇。历史上，苴却为云南大姚府（现为大姚县）属地。现在，古苴却出产苴却砚石的地段，1965 年划入四川攀枝花市的仁和区区域。

又见永仁县志载，宣统元年（1909），苴却砚曾参加过巴拿马万国博览会。据考，巴拿马万国博览会的会展时间应是在 1915 年，博览会全称为"1915 年巴拿马——太平洋万国博览会"。是美国政府为庆祝巴拿马运河开凿通航，特地举办的一次盛大的国际性展赛活动。中国政府收到美国发出的博览会邀请函的时间是在 1912 年。据相关文献介绍，参加这次博览会，曾得到时任民国政府临时大总统袁世凯的亲自批示，是中国在国际性博览会上的第一次参展。永仁县志记载的、1909 年苴却砚参加的巴拿马万国博览会，应当就是这次博览会，其准确年份应该是在民国时期的 1915 年。

其他方面，我从查阅过的方志史料、文献砚史中看，到目前为止，还没看到相关古代苴却砚的文字、传说、记载。从已发掘出的或存放于

至和聚宝

32厘米×22厘米×3.9厘米

此砚形比较舒展，因而刻于其间的古币，总体上开合有致，聚散自然。在该砚左上方，作者有意做了些非古币的雕刻探索，这些刻画使这方钱币砚添了些别具之色、别有之味。石品金田黄，为苴却石中的名贵稀品。

国内各博物院、博物馆的砚雕实物看，也没见到可以考证的古苴却砚。

综上所述，对于古代出自云南永仁县，1915年参加过巴拿马万国博览会的苴却砚，比较可能的源起时期应该在是清朝。

五

鉴别一方砚是什么砚类，最简便的方法，看看用什么砚料制作即可确定。比如，用端砚石做的砚叫端砚，用歙砚石做的砚称歙砚。

歙砚中有名贵金星、金晕的料石出自婺源的龙尾山。历史上，用龙尾山出的砚料做成的砚，虽有龙尾砚、婺源砚之谓，但习惯上通称歙砚。之所以叫歙砚，是源自于以州名物的惯例，古代婺源归歙州所辖，歙砚，顾名思义，为出自歙州之砚。

在我学习制砚的当年，在婺源，用龙尾山的金星、金晕料石做的砚曾一度不便叫歙砚，而叫龙尾砚。因为，当年很多人固执地认为，在婺源做的砚，和在歙县做的砚不应一样都叫歙砚。歙砚，应该是指在歙县生产、加工、制作的砚。

一次，和一同行闲聊，我问他，歙砚，指的是在歙县加工、生产、制作的砚，你认为对吗？

他不假思索地脱口而出，对。

我笑了。问他，在歙县做的砚，可以用四川的苴却石在歙县做，用广东的端溪石在歙县做，这些在歙县做的砚就都叫歙砚了吗？还有，当你把歙石带到北京亲自制作成砚，或带到日本东京做成砚时，那又该如何叫呢？

他想想，无语。

这是当年寂寞的砚林，一真实的"史记"。现如今，谁不知道婺源龙尾山出的砚石，是最具价值的珍品歙石，用龙尾山砚料做的歙砚，才是歙砚中最为名贵、纯正的歙砚啊！

六

福建的一位李先生说，有一制砚者，他在砚的构造构成、整体效

块状的苴却砚原石

17

果、用材用料、设计构思方面谈不上有特别之处，但雕刻于砚中的小鸟、小鸡、小虫、小鱼等，却刻得机敏而有灵性。李先生对他别有好感，很喜欢他刻的这些小"东西"。

李先生认为，对一个在雕刻上没有经过专业、系统训练的人而言，小动物能刻得如此机灵，足见其与生俱来的天分。

因一偶然的机会，这人去了美术学院读书。学画素描，学习造型，应该说，院校体系所必经的专业训练，他都经过了。回来后，他再次刻上了砚。他刻的动物，比例较之前更准确，造型比过去更严谨。他雕在砚上的人物，眉毛、眼睛、头部的骨骼关系，头与身子，手、足之间的关系都较之前有了长足的进步。可他刻刀下与生俱来的机敏、灵性不见了，没有了。

我想，与生俱来的机敏与灵性，哪个美院能学得来啊！

有一学砚人，学得刀下有点韵味了，有商家出钱相邀，他经不住钱的诱惑，去了。挣了几个钱后，他说，我现在做的砚，不需要讲求韵味，简单得很。我做起砚来比以前要快，更快的人一天就能做出很大的一砚，我现在在学他们的偷工办法，速度一旦赶上去，我还能多挣些钱，唉，以前的白学啦，按以前学的那速度，能挣啥钱。

我听说后，无言以对。

有一砚雕家，他刻有一砚，就普通书本大小。一买家说，这砚只要他开个价，十万、二十万都行，都要买。可我这位同行始终没开价。做砚做到这一层面，钱似乎不再重要，毕竟生活是没问题了。他刻砚很努力，在砚林也有名气。去年在杭州，我们见过一面。我们都带了砚，我看他的砚，他也在看我的。我们看砚，好与一般，水平的高与低，各人心里都有尺度。

荷塘月色

31厘米×22厘米×3.9厘米

砚俏绿膘雕刻，荷叶开合有度，舒展自如。一轮满月，隐漾于荷塘里，是月，又是此砚的砚堂。而砚池，于荷塘与满月间自然生出。

他刻砚，一直刻得努力，数年来埋头于砚雕艺术的探索、研究。他专门、特意地来看了我的砚，却并没有急于说话。

后来有一天，他说，刻砚，你刻得再好也有人说你不好，你刻得再不好，也有人说你好。

砚林笔记

这话，我听着耳熟，数年前有一同行就这样说过。我想，他为何要这样说？他说的仅仅是刻砚吗？

"砚刻得再好也有人说不好，砚刻得再不好也有人说好。"想也是。有些自己觉得雕刻不满意的砚，喜欢、叫好的大有人在。有些自己欣赏的作品，情形却恰相反。好砚，要刻得既叫好，又叫座，尤难矣。

七

某天，偶遇一买砚人。他告诉我，自己从商多年，现在一外资企业工作。一天天地起早贪黑，追逐利益，商场上的尔虞我诈，外企特有的竞争压力，已让他身心疲惫。莫名的烦躁，时常在困扰着他。

一天，他偶尔看到了砚，烦躁的身心，忽然间出奇的平静了。从此，他得空便跑跑砚店，看看砚，读读砚，开始了砚的收藏。

砚由石做，有道是石不能言。不能说话的砚，在喧嚣的现时，居然摇身一变，成了一个滤却浮躁、澄净身心的器皿。这让我意料之外，也有些喜出望外。

有一古砚收藏者，家中藏有数百方古砚。在当地有古砚收藏家之誉。一次，他打来长途电话，说中国苴却砚的历史要改写了，因为他收藏到一方明代的古苴却砚。这方砚，据说出自一祖上当过大官的人家。古砚贵有砚铭，他收藏的这方古苴却砚上就刻有明代铭文。

他热忱地邀请我去看看，我心动了。对苴却砚，怎能不心动呢？苴却砚是我现在从事的、雕刻的、研究的砚种啊！须知，可能是过去地处不毛的关系吧，有关古苴却砚的生产规模、艺术特色至今鲜见文字记载与实物佐证。现在有这么一方古苴却砚出现了，能不心动吗？

怀着激动，我日夜兼程地乘车，风尘仆仆地赶到了他家。在他家，我看到为数众多的古砚，有古端砚、古歙砚。但真正看到他说的古苴

苴却石俏雕，福寿图
　苴却石制砚，宜浅刻，也适合深雕。此砚雕刻主以立体、深雕形式，其间穿插了镂空、圆雕、凹刻、浅浮雕等手法，全砚以桃造型，桃与桃相生相合，大小相间，整体圆浑饱满，意趣盎然。

却砚时，我却激动不起来。那是一方雕刻、做工、构图、题材和我们平常所见几无二致的旧苴却砚。这样的旧苴却砚在攀枝花为数不少，从风格、手法看应为民国时期所出。所不同的是，这方旧苴却砚上歪歪斜斜地琢刻上了古代年号。

　刚接触苴却砚时，对苴却砚的历史，我也是很在意的。和很多关心、喜爱苴却砚的人一样，我也希望苴却砚发端于唐朝、宋朝，历史

紫地青花绿汉简砚

40厘米×29厘米×3厘米

以简入砚，简多以平铺或并列方式出现。此砚俏青花绿石雕刻，古简以斜状平铺，不同的是，作者在斜排的竹简中，别开生面地安排了两片横贯的竹简，间以泥、土与字的点缀，从而于统一中刻出变化，于平铺中妙造出不平。

悠久。我一直随处留心砚的史料，企盼苴却砚出现奇迹。现在，对苴却砚是始见于秦、汉，还是晚出于明、清，对个别把苴却砚史臆造得久远的人或事，已心底坦然。因为，砚林中很多比苴却砚历史久、成

砚林笔记

吉象
20厘米×15厘米×3厘米
此砚圆融而可爱。砚中，作
者由石眼生发想象，以砚料的形
态作象形，巧石眼妙雕成象的眼
睛，从而浑然成就一砚。

名早的名砚，其砚石质地，砚林地位，砚雕艺术价值，在海内外的影
响，等等，并没有走在姗姗来迟的苴却砚前面。更因为，一个砚种在
当代是否具备重要的影响力和地位，不一定取决于其拥有多悠久的历
史，哪怕它问世多么久远、历史上有多么辉煌。

八

　　偶看电视，正播出的是一档收藏节目。说的是两位持宝人，一位持有尊青铜玉女，1998 年买入价 5 万元；另一位持有尊象牙玉佛，1998 年以 2000 元买进。八年后的现在，经专家评估，玉女当前价 10 万元，上涨空间看好。玉佛当前价 5 万元，日后将继续看涨。

　　2005 年，我的第三本砚著《砚谈》正式出版。当年 10 月，一位读到《砚谈》的南京人来到攀枝花，找到我后，他提出要看看我的好砚。他坦言初次接触砚，要我给他推荐几方心宜之作。看过砚，付了钱，因有重要商务，他未及将砚带上，人便匆匆离开了攀枝花。他选的砚就这么放到我这，直到 2006 年。这期间，苴却砚砚料的价格在疯狂飞涨，砚价也跟着水涨船高。到他取砚时，这几方砚的价值已经翻番。

　　就前面提到的两位持宝人来看，有人说，持玉佛的人好于持玉女的人，因为持玉佛的人投入的资金很小，但回报率非常高啊！

　　买玉佛也好，买玉女也罢，其实买砚个中关键，全在于你买下的是否是买对的。进入投资市场的人很多，买下这样或那样的藏品者亦不少，你买对没有呢？若没买对，不管资金投入的大小比例是多少，持有什么也不能如何啊！

九

　　古砚日渐稀见。

　　数年前，国画大师张大千收藏的一方古砚在港拍卖，经买家多方竞价，以 38.5 万港币成交。

1995年佳士得春拍，一方玉带端砚拍出86万港币。而一方清乾隆御题澄泥砚，成交价201万港币。

在国内市场，砚价"涨"声也时有耳闻。

中国嘉德，一件清初端石井田砚以12万元被买走。

北京翰海，一方明晚期的端石素砚，拍出17.6万元。

一方清早期古井端砚，以198万元成交。

一方估价为40万元的清康熙绿端石夔龙纹砚，被买家以176万元拍走。

一方清中期鳝鱼黄澄泥砚，拍出40万元高价。

还是北京翰海，一方曾编入《钦定四库全书》，钦定《西清砚谱》的清乾隆御制澄泥砚，由30万元起拍，于110万元成交。

新砚拍卖，也在不断创新高。我的好友，当代著名砚雕家，中国工艺美术大师黎铿先生，一方端砚新作，拍出了200万元。

上海有个藏砚人，藏有一方不属于自己的古砚。

这位上海人，1972年下放到西双版纳一个偏僻的山村，住在一个称"哑伯"的老人家里。老人孤身，寡言少语。每天出工、返工地进出一屋，很少主动说话。天一擦黑，老人摸进自己的房间，一晚便不再出来。

老人有一砚，每年雨季过后，他都要拿出照照阳光，擦拭一番，然后小心翼翼地用红布包好，收起。

四年后的一个雨夜，上海人坐在了老人床边。病榻上的老人一改往日的无语，和上海人聊起了他那方砚。老人说，这砚原是云南永仁籍国民党老兵所有。老兵家祖辈务农。明朝时，朝廷从湖南、江西迁来很多人，其中有个书生，到永仁开了间私塾，教人识字读书。他的先祖因为读书用功，在书生指点下，成为当地有史以来的第一个秀才。此砚据说是这位秀才所制，后来代代相传，到他出门当兵，年迈的老父将砚传给了他。

在锦州，一次昏天黑地的战斗中，永仁老兵被炸去双腿，弥留之际，倒在血泊中的他对战友哭求，希望将祖传之砚交还给他的父亲。老兵死后，这方遗留下的砚，在战乱纷纷的中国几经周折，到了国民党一副师长手上。1949 年，副师长途经昆明，对贴身警卫口述了老兵遗愿，同时令警卫员在 70 小时内将砚交到老兵的家人手上。

警卫员来到永仁，找不到老兵家人，自己却被当地山匪绑去充了苦力。到警卫员逃回昆明时，国民党已退走台湾，全国各地陆续解放，警卫员不敢去他的家乡浙江，于是东躲西藏了一阵后，隐姓埋名到了西双版纳。

老人说，那个国民党的警卫员就是自己。

心知将不久于人世，老人又说，自己之所以在偏僻的西双版纳山里过着，其中重要的一个因素是因为战友的遗愿未了，现在，这个任务完成不了了。边说着，老人边流泪，边在枕头底下摸出了砚。

拉着上海知青，老人说，这砚，就托付你了，希望有朝一日，你能交与老兵的后人。

老人病故不久，上海知青回到了沪上。

这些年，没忘却老人嘱托的上海知青，一直在帮老人继续寻访着老兵的后人，在永仁，在上海，包括来到紧邻永仁的四川的攀枝花。

在上海，我见过这古砚。砚薄薄的，通体近方形，长约 15 厘米。砚堂浅开，无雕饰，砚上有一天然石眼，青绿如玉，分外出彩。

器　形

砚是器。早期的砚，不叫砚，而叫研，叫研磨器。

在普遍使用毛笔的年代，砚是家居不可或缺的日常器具。

古代的木桌、木椅有器形，闻名于世的青铜器有器形。砚作为器，也有器形。和我们现在大脑中概念上的"器"有很大的不同，出自石器时代的研磨器，器形无特定之态，整体由类似盘状的中凹器体及一石质研磨棒组合而成。器料取自天然砾石，器形略加琢磨打造，其最初的功用，是对一些天然有色硬物起压、碾、研、磨方面的作用。

研磨器之后，"研"称为"砚"。砚有相对确定的器形，始见于汉代。汉砚，器形是扁扁的正圆形，有砚边、砚堂，无砚池。砚下部带足，以三足为多。从汉砚到唐砚，砚在器形上的共同之处是多正圆形，多带足。且唐砚之足还在三足的基础上向多足发展。

关于古砚的带足，有砚的研究者认为，古砚带足，与当时古人席地而坐的习惯有关系。还有人认为，当时人们制作的器物多带足，因而砚的带足是自然而然的。

砚的器形在唐代，出现了类似簸箕的造型砚，史称"箕形砚"，一直以圆形为主的砚器发生了新变化，但砚池与砚堂的分工依旧模糊。

砚林笔记

苴却石，景星双龙夺宝砚

苴却石多石眼，因而砚作者的构思多围绕石眼形成。此砚作者雕双龙于砚中，雕刻上不仅注重用眼、巧眼，且注意了留眼，由于双龙形意的趣动，砚中留存的石眼，并没有予人以多余之感。

砚走向成熟的重要阶段是在宋代。

从汉代一直沿袭下来的砚足，至宋代，除了在抄手砚、太史砚上，我们可以得见"足"的些许痕迹，砚足事实上已被革去。

作为器具，宋砚在砚的长度、宽度、厚度以及大小上更趋便利、实用、合理。砚池、砚堂、砚边等有了明确的界定与分工。我们现今所看到的正方形砚、长方形砚、椭圆形砚等稳固的器形，皆是在宋代逐步完善后得以形成。尽管在宋代以后，人们喜用自然天成的砚石为砚，喜欢返璞，砚的器形不完全是规范的形态，但宋砚确立的砚的比例关系，至今依然沿用。

百一砚

砚林笔记

    百一砚，出自宋代的一方著名端砚。这方宋砚之所以得名，有石眼的因素，因为在端砚，七个石眼可谓珍品，八个石眼堪称至宝。在这方砚上，总共出现了一百零一个石眼。还有，百一砚是大名鼎鼎的大学士苏东坡所收藏、使用过的砚。这方稀世珍宝在宋代即已被收入内务府宫藏。清代，爱砚的乾隆对百一砚赞赏不已，不仅为该砚亲书御铭，定为清宫重宝，且录入了著名的《钦定西清砚谱》。

    不知百一砚在成砚之前，砚料是何等模样？一块砚料，到了砚工手中，要做成什么样的砚，那真是太难说了。以我们现在的砚雕题材看，像百一砚这样厚度达 5 厘米的砚石，做成人物砚、山水砚；雕成立体的云龙砚、云凤砚；制作成瓜果砚、松鹤砚、古器砚、竹节砚等皆是选择。还有，砚石有这么厚，将它一分为二，也未尝不可。

    我常说，制砚者得遇稀世砚料，是一种缘分。好砚料从来不是你想找就可以找得到的，也不是你想求就可以求得来的。即便你天天去找，时时去寻，这好砚料也未必让你遇得到。作为制砚者，我真的羡慕出生在宋代的这位砚工。我特别留心地看了看这砚的尺寸，长 18 厘米，宽 10.5 厘米，厚 5 厘米。这长与宽的尺寸、比例，有点像我们常见的信封的尺寸，我曾试着拿了个信封用尺子比了比，发现比信封还略小。可就在这小小的砚上，出现了一个大石眼，一百个小石眼，总共一百零一个石眼。

这料石也有幸，得遇了一位爱料、懂料，知因材施艺的砚工。设想一下，百一砚如用石眼多的一面做成砚的正面，仅开出砚的砚池、砚堂，砚石中的很多石眼都将永远深藏于砚里。如做砚过程中稍不小心，打掉了几个石眼，我们今天看到的也一定不是百一砚了。

古旧市场

布满铜锈的观音、坐佛，一串串大小不一、品相各异的玉珠、瓷碗看已老旧，方孔钱字迹斑驳。在琳琅满目、千奇百怪的古旧市场，眼力加运气，淘宝人不时能淘到心仪的物器。

这位砚工，决定用这厚厚的料石做一方太史砚。他因材施艺地将料石石眼稀少的一面，用来做砚的正面。然后将有石眼的一面，边掏挖砚背，边保留石眼。他保留石眼的方式是端砚的立柱式，用这种方式，他不仅一一保留了料石表层的石眼，同时也保住了掏挖以后出现的石眼。

　　太史砚的太史，是古代官职的称谓。太史砚出现在北宋时期，是和抄手砚相仿的一种古代砚式。太史砚与抄手砚的异同：一是太史砚为长方形，长、宽、厚尺寸的上下、左右、前后一致。抄手砚也是长方形，但前窄后宽，前低后高，有的还上宽下窄。二是与抄手砚相比，太史砚总体偏宽，特别厚。如百一砚，砚不大，厚度却达 5 厘米之多。三是太史砚的砚池为一字形池，和抄手砚不同。四是砚底三边着地，以前低后高方式掏空，可以一手端提，此点与抄手砚相仿。

　　从抄手砚的特征看，抄手砚的不少方面与唐朝的箕形砚相似，砚上多少还留有唐箕的影子。太史砚的兴起，应是在抄手砚之后。太史砚谨肃，理性，内敛，端庄，同时宽、厚的样式，还带有几分官家气度，为典型的宋砚特色。

　　砚走到宋朝，样式日趋多样化。我的同行，宋朝的这位砚工，在得到砚料后，为什么最终选择了做太史砚呢？我以为，有以下三个原因：

　　其一，与兴盛于宋代的理学相关。理学之理，在士人而言，崇尚的是严谨、刚直、理性、气度和节操。在士人注重的端方正直、规整素朴之风影响下，得到好砚石的砚工，首选如太史砚这样的方正样式制作成砚，应在情理之中。而作为文人，在书案上置一方这样的砚，也是自身品性、操守、气节、追求的一种外在体现。

　　其二，太史砚不仅便利实用，也是当时宋代在抄手砚基础上兴起的新生代砚式。

　　其三，砚石本身。这块端石到达百一砚砚工手上，究竟是毛石，还是方料，是半成品，还是料石本身只适合于做成这么大一方砚，我们现在已无从知晓。可以知道的是：第一，这砚料很厚。第二，砚工制砚，讲究最大限度地保留砚料，将砚石上、砚石中的石眼尽可能亮出和留存。从这两点看，用这块料石，同时最大限度地保留砚料，将砚石上、砚石中的石眼尽可能亮出和留存，做成偏宽、偏高，平直端方的太史砚，应是上乘之选。而抄手砚前窄后宽，前低后高，或上宽下窄的这些特性，对保持砚料原状、对石眼留存等，却无疑有影响。

清末民初，这方被视作清宫重宝的砚，曾一度神秘地消失，流落到了民间。据称，此砚先是被一珠宝商买下，珠宝商后转手卖给了琉璃厂一家经营古玩的店铺。看到砚上乾隆御题的店铺老板，知道百一

歙石名品金星
名品金星状如秋雨，洒洒斜落。

摄影 陈正东

砚为宫中之物，因怕衍生事端，动手磨去了铭刻于砚上的御题。

民国时期的一天，苏东坡第三十一世侄孙、知名文物鉴赏专家苏宗仁先生到了琉璃厂。在经营古玩的店铺，他看到了百一砚。面对这方先祖遗物，苏先生毫不迟疑，用整整七十块大洋买下了这方砚。

至此，百一砚神奇地回归到了东坡后人手上。现在，百一砚珍藏于中国历史博物馆。

砚上雕龙

砚上雕龙，每一砚种都在雕。

歙砚雕龙，主以浅浮雕表现。歙砚突出于用，考虑到用砚离不开水，砚的题材、设计多与水相关。体现在龙上，雕出的多是云水龙和吐水龙，雕刻主要以工笔手法。苴却砚雕龙，深浮、立体、健劲。设计多围绕石眼构成。龙的造型以戏珠型和夺宝型为主，龙的眼睛以能巧用石眼为妙。

端砚雕龙，风格传统，以工细见长。端砚的云龙雕刻，龙须细而长，龙鳞小而满，龙爪瘦而尖，龙尾尖、细、长。端砚雕刻的云一如传统的工笔画，一笔笔有交代，一笔笔很清楚，且相互有呼应缠连。云多为横向朵云，云与云之间不讲求大的变化，但讲究相互连接。云的雕刻采用双线刻法，浮出云的线条，凹去云下浮料，立体突出云的层次感。

一龙盘于砚上，砚看着也精神。歙砚之龙，歙县雕的龙头突出于老态、造型讲究传统古味。婺源人雕龙，注重龙的整体结构、比例关系，手法趋于写实。就龙的结构、造型、雕刻的功力水平、细腻程度、艺术处理而论，整体雕龙不错的应属端砚。

1980年之后，砚上雕龙掀起一个小高潮。龙的雕法本就众多，一时间，砚林中各式各样的龙砚纷纷出世。龙雕多了，问题也就跟着来

其却石背刻，童子抱琴图

了。中国出口到日本的名砚，因为雕的龙太多、太杂，销售压力日渐增大，于是，日商在日本花高价请人修改龙砚者有之，直接将不好的龙砚改成其他题材者亦有之。龙砚的价格、销售量此后开始了长时间的下滑。

1991年，我从中国三大名砚厂之一的江西婺源龙尾砚厂，调入四川攀枝花市。在当时攀枝花唯一的苴却砚厂，我看到为数不多的几个雕砚者，手上刻的砚多是龙砚。苴却砚砚石有眼，砚上雕龙，将石眼与云龙巧以组合，雕成云龙戏珠砚、云龙夺宝砚等，在当地颇受欢迎。

苴却砚的雕砚者中，有个打过大型石狮子的民间老艺人也在雕龙。他雕的龙做法雷同，一砚一龙，条条龙动态相仿，两个龙爪一前一后，配上一龙尾，雕上五六朵云即算完成。一天，这位老艺人突发奇想，想在龙砚上雕点什么新玩意儿了，我看他的布局，龙还是那动作，爪依旧一前一后，看不出他想雕出什么新东西。待他雕的龙砚完成，我再看时，眼睛还是不由得一亮。他把打石狮子习惯做的含在狮子口中的宝珠，做在了龙的口中。这宝珠直接在张开的龙嘴里雕刻成气，雕成后的宝珠是活动的、转动的，任意角度掉不出来。

继这方龙砚后，苴却砚还雕出了带双翼的飞龙，从蛋壳中破壳而出的小龙，刻有中国版图的腾云之龙。

龙刻于砚上，即便在砚中雕一条龙，龙头要雕，龙身要雕，龙尾要现，龙爪至少双出，龙首感觉要昂扬。雕龙多要雕云，云与龙要雕得相生相合，相得益彰。要说轻松也不易。要说不好雕，全国有多少个砚种，可以说就有多少个版本不同的龙砚在源源不断地雕出。在已知的大型巨砚中，以龙入砚最为多见。广东肇庆的端砚、江西婺源的歙砚、河北易水的易水砚、四川攀枝花的苴却砚先后都制作了以龙为题材的巨砚。从巨型龙砚的重量看，最重的一方龙砚总重量达80吨。制作在巨砚石上的龙，从5条龙起步，到刻出9条龙，56条龙，更有的刻出了99条云龙。

有人说，砚上雕龙，俗套。

我以为，龙自身本无所谓俗与不俗，把龙雕得超凡脱俗的是人，将龙雕得俗不可耐的也是人。龙的俗与不俗，尽在人而定不在龙。

泛舟烟波图

35厘米×21厘米×3.9厘米

山横空而出，月忽现。天然出趣的金黄色膘，如云雾，似烟波。俏色而刻的一叶轻舟，自由行走于天地间。

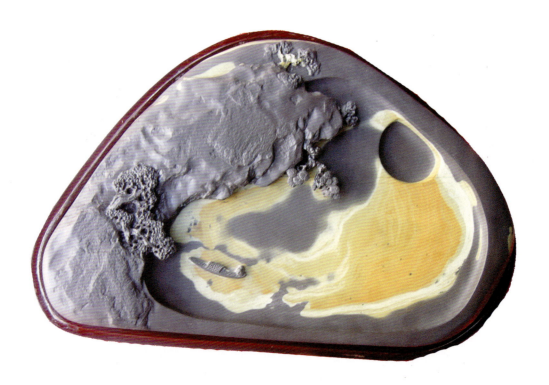

砚的大小

　　砚是一案头用物。其形制大小，从流传下来的古砚可以看出，和现今的普通书籍差不多。若用数字表示，砚的大小应是在19厘米至26厘米为宜，这可以说是砚制中较适当的尺度。

　　今人做砚，比传统砚做得稍大、稍小些，也无伤大雅。但一味地做更大的砚，总显得像是夸大之制。有人力强行拉大、哗众取宠之嫌。已故书法大家启功先生曾说，这越做越大的砚，看着不像是做砚，倒像是在做杂耍表演。

　　爱砚的文人雅士，爱的一个重要方面，是爱其大小之适，喜其可人之宜也。

　　砚的大小，并非约定俗成。砚作为功用之物，多放置于案头一角，本就不应，也不宜太大。砚太大，显而易见，占据书案的面积就大。而大小适宜之砚，是和书案的大小相匹配的，既便于使用，也方便清洗、搬移。

　　古人读书或异地为官，砚多是随身携带或必备之物。砚太大，自是给携带、搬运带来诸多不便。因而，砚的大小，也和砚是否适于搬移挪动密切关联。

　　当今之砚，越做越大似成趋势。如今的人，好大喜功者多，喜欢大呢。楼不是越建越高，房子不是越住越大吗？

　　想也是。如今，砚已非单一的功能器皿。毕竟，当今用砚的人群比古代要少得多，现今也不再是唐代、宋代那样的大规模用砚的时代。人们对砚的关注，已不局限于实用，不少人也在关注其收藏、观赏、艺术、文物方面的价值。在日常礼尚往来中，不少名砚，正在作为当地具文化特色的名贵、高雅的礼物。既为礼尚往来之物，从礼的角度看，砚看着"大"些，送出的感觉总像是要好些。

现今懂砚的人已越来越少。选砚、买砚之人，对砚的相石创意、构思寓意、雕刻水平未必全看得出来。砚的实用功能如何，质地怎样，石品是否名贵，具不具收藏价值，也大多不了解，不明了，不知道。于是，选砚、买砚者多从砚的大、小来判断。大砚，至少感观上大，气派，送出去好看些。而小砚，即便是制砚名家的手工精品，恐也有拿不出手之嫌。毕竟，一方砚看着大大的，其雕刻所花的人工总比小砚花得大，下得多吧，花点钱可以买老大一方砚，值呢！

其却石背刻，筐箩砚
12.8厘米×12.8厘米×1.5厘米

竹节为砚

竹节砚，指以竹节为题材做的砚。

1991年，有位安徽人买下一方苴却石做的竹节砚。砚带回安徽，被一砚林同行看到。一次，我和这位同行通电话，同行说，他看到苴却石做的砚了，做的不是竹节砚，是竹筒。

竹筒是竹筒，砚是砚。砚有自成体系的砚雕语言，有自己独具的面目。将理应刻成一方竹节砚的砚刻成竹筒，这当然是问题。

如今，竹节砚在攀枝花已是一雕刻成熟的题材。不少人喜爱苴却石做的竹节砚。苴却石做的竹节砚，特色有二：

其一，色泽独特。苴却石有丰繁的色泽，其中主要的绿膘石与黄膘石皆非常适合做竹节。如俏绿色膘石做成新竹，俏黄色膘石做成老竹，等等。

其二，苴却石宜于深雕、镂空。苴却石可以全面、立体地做竹节砚。

用苴却石做的竹节砚，绿色膘石，青绿的色彩，年轻的模样。砚上雕有竹叶的，有的如沐清风，竹叶在微风中轻盈起舞；有的像刚刚苏醒，竹叶似挂有露珠；有的充满活力，勃勃生机尽显；有的锋芒所向，凌云之志乃现。黄色膘石做的竹节，灿黄的色泽，像饱经世事的智者，又如年岁久远的古董。

砚林中常见的竹节砚式有这样几类：一类是竹面式，另一类是剖

砚林笔记

其砌石背刻，山雨欲来图

面式，还有一类是横截式。

婆源人做竹节砚，喜用剖开的节里做砚的正面。而将竹的竹面做在砚背，有的砚还在背面浅刻几片竹叶。看过竹子的人都知道，竹圆而中空，节与节之间相互封闭。也由于有这相互的封闭，利用自然的真实，用剖开的竹节里做砚，在节与节自身形成的空间里开出砚的池、堂，这样做的竹节砚，即是竹，又为砚，同时巧妙地突出了砚的实用。这样的做法，雕刻上着重于节，节要求做得立体、生动，两节的线条要曲中见变化，曲中见力度。还由于龙尾石本身不宜深雕，因而，雕刻者的功力在两节的艺术处理中尤需体现。

端石的竹节砚，就我看到的来说，与婺源人做的不同，爱用竹面。竹面式，砚为竖状，上下有节。砚池砚堂凹开在竹面上。雕刻制作时，制作者有意将竹之节雕得凸出些，在节之下以凸刻手法雕上数个小竹芽，有的在砚额处添上几片小竹叶，这样做，一眼看去，既见竹，也见叶；既有节，还见芽。传统端砚的工与艺得到了充分展示。

不过，有一对出自晚清时期的竹节端砚，却不是这样刻的。这对端砚，砚石本是一块所分，恰如剖开的竹子一分为二。制作者在这两块料石上，刻出两方剖面式竹节砚。这一对竹节砚，数年前参加拍卖时，以50万元的成交价被收藏家购藏。

早年学砚，曾在歙县文房店见过一竹面式砚。这砚小巧，竖式。石色为泥黄色。长约15厘米，厚度约3厘米。砚的正面、侧面、背面皆做了雕刻，制作者深入浅出，刀刀不空，言之有物。特别是竹子的开裂处，雕刻得尤见老到，恰如其分，感觉如真竹子开裂一样。后来得知，这砚是用江苏吴县澄泥石所做，雕刻手法来自海派。

横截式竹节砚，做得最见水平的是海派砚雕家陈端友。横截式竹节砚，砚扁圆，整体如去掉竹身的节部。砚侧多做一节，也有做成多节的，如整体做成盘根状，砚侧的竹节一节节疏密相间。

曾见过一方当代制作的竹节砚，制作者在砚背中部凹刻出封闭的节，然后有意雕出破裂的样子，同时着力在裂开的下层挖出空的感觉，并在里面雕一稍稍露头的小虫，如此匠心亦堪称别出。

目前，苴却砚中看到的竹节砚，手法主要为竹面式。多使用绿色膘石和黄色膘石雕刻。制作的特点是立体造型，突出竹节，刻些许裂痕、虫眼，附带雕刻小枝、竹叶，有的兼刻一小壁虎。

用龙尾石、苴却石，我皆做过竹节砚。用龙尾石做的竹节砚，砚料出自龙尾新坑，带金晕。料石竖看，上窄下宽，整体修长。在这方竹节砚的正面,我巧用金晕刻了几片竹叶;砚背,我着重刻画了竹节的裂痕。

当年在龙尾砚厂,不允许私下做砚。我躲于家中刻的这方竹节砚,时间是在1988年前后。这时的安徽歙县,私人制砚已然开始。而当时的广东,私人砚厂已见林立。而身为龙尾砚厂设计室主任的我,在家雕刻的这方砚上交给了厂里。

竹节为砚,"竹"与"祝"谐音,含"祝"、"庆"之意。"节"不仅是竹节之节,礼节之节,逢年过节之节,在传统文人心中,竹节

紫砂黄太平有象

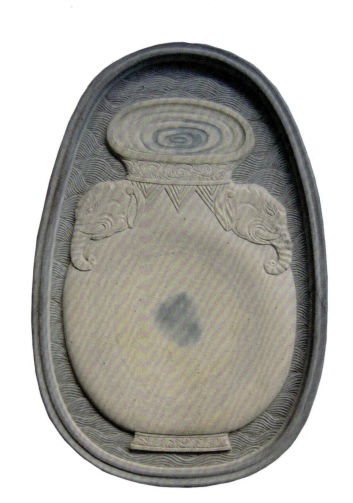

还寓有气节、风骨之意。从竹本身看，竹给人带来清新、潇洒之感，也予人有雅致、脱俗之趣。

在砚林，不少地方都有模式化刻砚的现象。以竹节砚为例，很多竹节砚，一方方皆让人有似曾相识的感觉。这样做砚，往好的方面看，刻得可以的与刻得一般的，所刻之砚都是竹节砚，整体雕刻竹节砚的

水云绿石荔枝砚

26厘米×21.5厘米×3.3厘米

猛一看，水云绿石荔枝砚，由大大小小的"圆"构筑形成。砚中老枝屈曲，绿叶翻转，大小不一的荔枝，于相向不一中凝聚着作者的别具匠心。

水平看着得到了提升。

　　上升到艺术层面看，类似的竹节砚多，独创的竹节砚少则是问题。因为，艺术品更喜欢标新立异。看过、见过，相近、相似，雷同、类同的东西，和艺术独创总是相距甚远。

酣砚
21厘米×14.8厘米×3厘米
性情豪放的饮者，酣然随意的醉态。作者浑然无迹、入细入理的雕刻，令观者一忘世俗的机变与巧诈，返归于淳朴。

古 砚

　　近些年来，古砚出来不少，古砚砚价也在不断地创新高。不过，在人们心目中，古砚还是越来越少。古砚的历史因素，文物价值，名人效应，不时在影响着今人。

　　整体来看，古砚的雕刻算不上精细。但称得上精细严谨的砚，仍旧有不少是古人制砚。喜欢古砚的人，有的喜欢细刻的古砚，有的则看重年代，有的喜欢古砚铭文，有的爱其独具的价值；有的为拥有古代名人用砚而陶醉，还有的以藏有古代名家制砚为荣耀。

　　我也喜欢古砚。看到古砚，我会油然而生思古之悠情。留存于古砚中的岁月之痕，陈旧老味，尤令我心仪不已。

　　古人身处僻静之隅，制砚中的想象多见神奇。他们的作品常融天地日月于一体，在一方小小的砚中现气象万千。

　　天津艺术博物馆藏有一方明代古澄泥砚，砚长20厘米，宽15厘米，高7.7厘米。此砚雕刻一俯伏的蟾，头稍仰，眼圆睁，整体造型高古。相看这悠远的灵物，但见它好像是在神奇于看到的世界，又好像神视于你。

　　以蟾作砚，将砚池、砚堂开在俯伏的蟾背上，似也顺理成章，没什么大碍。可古人并没这么做。他们在神蟾的口中安一荷梗，梗蜿蜒曲向蟾背，清新地展开荷叶，然后让荷叶的边沿向上稍转，在荷叶中巧开出砚堂。荷叶相掩，俯于荷叶下的蟾含而不全露，荷叶看似神来

五福聚寿图
25厘米×20厘米×8厘米
桃,喻寿。蝠,与"福"音谐。此砚题材古老,构成却浑然出新,雕刻深浅相合,整体浑圆饱满。

但贴切自然。欣赏这样的砚,真是有别开生面的感慨。

　　成都一砚家淘到一小砚,砚以"日"字形成。"日"字的上口开池,下口开堂,池与堂皆开得不够技术,整体的砚形也不精准,约略一看还觉得形有些木然。但很耐看，有越看越耐人寻味之感。这方小砚按理应以乖巧为上，可古人就在这看着不乖的小砚里做出了名堂。

现藏故宫博物院的十二峰陶砚，是一方被文物专家誉为"砚中之孤品，文房之至宝"的古代名砚。该砚由内三峰、外九峰形成。内三峰中，中峰雕一龙首，左右两峰下各雕有做负山状的人形。十二座山峰，一座座奇峭兀立，冷峻高耸。

人为何负山？山峰为何就十二座？神龙为何也在其间？还有，从制砚角度看，在遍地都是扁扁的圆形砚的汉代，远古的砚工，何以构想出来这样一方"言出天地之外"的砚？这样的砚，里面总似弥漫着一团难解的神秘。

说古砚，我常常会想到刻砚的古人。古人刻砚，和当代人相比，古人在交通、交流上要闭塞得多。我想，或许就是因为少了这些，读古人的砚，你会感触到古人刻砚时心地的澄静，他们的砚尽去浮躁之气。你可以想象到层峦叠翠的山坞里，静坐在一棵老树下刻砚的古人。他们心无他念，没有电话、手机、电视、汽车的搅扰。时而有老牛的一声欢叫，间或有几声小鸟的鸣唱。他们的身心相融于寂静、寂寞、空寂的天地中。这些和身带手机、耳听音乐制砚的今人截然不同。

以收藏论，年代是否久远，是影响藏品价值的重要方面。但砚的价值表现却不一样，砚的价值却非必然靠年代认定。

中国古代有两大类年代久远的砚，并不被藏界看重。这两类砚，一类是汉代的圆形带足陶砚，另一类是两晋时期的带足青瓷砚。有人说，这两类砚之所以不被世人看好，是制作上太雷同了，几乎千"砚"一面。还有，两类砚的材料都不是天然石质，而是一般的瓷料和泥料，是由人工合成的砚。

我以为，这两类砚不被世人看好，还有一个更重要的原因，就是陶砚与青瓷砚，都是规模化生产下的产物，存世量都很大。

物总是以稀为贵的。

说到物以稀为贵，我想起了一个收藏方面的真实故事。这故事说，国外有一早期的邮票，全世界仅存两枚。有个收藏家，手上已持有了其中的一枚邮票，但他一直在想办法收藏另一枚。终于，在他的苦心追求与巨资帮助下，工夫不负有心人，他收藏到了另一枚邮票。手上终于拥有这两枚稀世邮票的他，却做了个让全世界都为之惊异的举动，他当着不少人的面，亲手烧掉了其中的一枚。

他的手上只有一枚这样的邮票了。全世界也只有这一枚，这邮票将是什么价呢？还可能是原来两枚的价吗？

田黄古泉图

方形砚

方形砚，是人们印象中较多见的传统砚式。

从一般制作上看，这样的砚，工艺可说简略。制砚者只需在方形砚料上将砚池、砚堂、砚边做出，砚即算做成了。在以用为宗的古代，方正的砚形，最大限度地突出了实用，既便利携带，又存取方便，还易于清洗。

看似普通的方形砚，从砚形看，其形堪称精致。

艺术地看，方形砚的砚刻语言无愧于精练。

我第一次见到方形砚，是在入学前。记得有一天，父亲郑重地搬出墨、砚、毛笔，在小卡片上写了几个毛笔字，让我试着念念。父亲的举动，使孩提时的我觉得非常神奇。我由此开始了识字，也平生第一次见到了砚。父亲搬出的这方砚，比我们现在常见的《新华字典》略小，厚度约为字典的一半，正方形，带石质砚盖。砚中什么也没雕刻，仅用深凹的手法做了一个圆形砚池。较有意思的是，在方形砚的边角上，砚面与深凹的砚池间，砚工别出心裁地以镂空的手法斜开出一小口。这小小的口子，可以让人在往砚中注水时由此注入，感觉到一小点通幽的匠心，同时，在倒出砚中多余的墨汁时，墨一并经由此出，可大大减少墨对石砚的侵染。

上学后，我看到不少同学都带有这样的方形砚。

其却紫石，太平有象砚
砚外方内圆，天成古色。砚中的宝象古瓶
俏色而刻。作者以宝瓶的瓶口开池，瓶肚则巧
为砚堂。整体方圆兼具，于古朴中透着可爱。

　　中国砚的起源约始于公元前7000至前5000年。仅制砚材质，就用
过石质、陶质、瓷质、漆质、砖质、瓦质、铜质、铁质、水晶、象牙、
牛角、玛瑙、翡翠、玻璃、泥质、墨质、木质、锡质、金质、银质、
玉石，等等，其中以石质制砚流传最多，运用最广。从原始粗放的石

■ 其却石，古绿色圆形回纹砚

砚林笔记

质研磨器，到研磨器与研磨棒的互为作用、分离，从有足砚到无足砚，从唐代的代表砚式箕形砚，到宋代的抄手砚，制砚工艺历经数千年的历史演变。

从砚的发展进程看，方形砚是中国砚石文化走向成熟后的产物。细想这样的砚，看似平常，但其形成、产生并不平常。

砚林笔记

长方葺却石，观音砚
砚中名贵的彩虹冻如佛光再现，稀见难得。

砚石与蜀砚

　　制砚的料石，过硬了不适宜。比方说玉石，硬度非常足，但却不宜做砚料。砚料也不能太软，料太软，墨没磨掉多少，砚却有可能边磨边掉。太细呢？有位爱砚家想多谈歙砚的好，想来想去就说，歙石好，质地非常细，他研究砚石多年，还没见到过比歙石更细的砚石呢！

　　其实，歙石并不过细，过细的砚石仍然不适于制砚。

　　从已知的砚石看，适于制砚的砚料，其硬度多在3度左右。

　　古人对好砚石如何评定？

　　第一，重石质。即砚石的质地。

　　第二，重实用性。如不少名砚介绍的耐磨发墨，呵气可研等特色，指的就是实用方面。

　　第三，手感。这涉及了感觉与触觉。

　　第四，石品与色泽。石品，指的是天然生成于砚石中的独特物质。色泽，指天生于砚石上的色彩。

　　我们在欣赏歙砚时，为什么看到的雕刻多是浅浮雕呢？这是因为歙石不宜深浮雕刻。歙石是一种片状结构的砚石。雕刻过程中，砚工若稍不留意，歙石会成块成片掉落，老坑砚石掉落尤甚。歙石的名贵石品金星与金晕，同样成片状伴生于砚石中，制作时，砚工下刀稍不

砚
林
笔
记

天星古简砚

38厘米×30厘米×5厘米

该砚砚额处的石眼，浑圆大气，碧翠神凝，为星晕绝佳的上品好眼。古简自然散落，参差有致，整体凝重浑朴，于静气中寓灵动。

注意，上好的金晕可能就没了。

　　寒冷的冬季，在气候湿润的婺源，一块块石料会自个儿出水，整块砚石黑湿黑湿的。此时，雕刻着的砚是边雕边湿，整个是一片模糊不清。遇到这种情形，有办法的砚工便打来一盆热开水，将砚石在水里泡一泡，再刻准没问题。

　　江西有两类砚石与龙尾石相像，一类是玉山砚石。玉山砚石在石色上近似于龙尾石，玉山砚石的纹理也是水波纹理。它们之间的细微区别如下：

　　其一，龙尾石上有金星金晕，玉山石上没有。

　　其二，龙尾石的石色是青黑色，色泽偏重，而玉山石的石色则较偏于青。

江天月正圆
20厘米×14厘米×3厘米

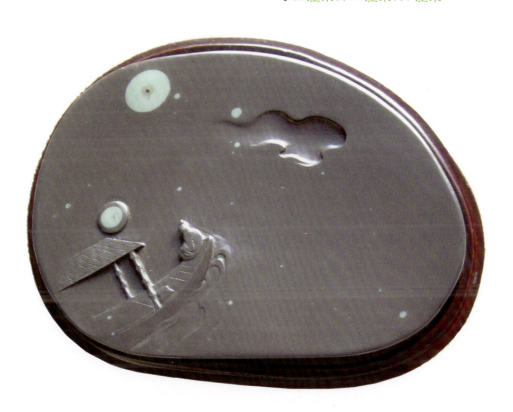

其三，玉山石的纹理长得十分规则，整块料石的纹理近乎一致，而龙尾石的纹理却多有变化，天然生趣。

另一类是江西星子县出产的金星宋砚石。金星宋砚石，石色也与龙尾石相同。砚石上也有金星，它的金星与龙尾石非常相似，个中区别是，金星宋砚石的金星稍大，而整体感觉饱满一些，且金星与金花多相伴互生。龙尾石的金星细小，有的更呈细长状，金星与金花少有互

云龙图
砚料绿膘带眼，且天然伴生有稀见的冰花云蕊纹。

生。还有，金星宋砚石几乎没有龙尾石上特有的纹理，这也是两者各有不同的重要方面。

仅四川一地，有记载的古代石砚就有合川石砚、白花石砚、蒲砚、金音石砚、泸州砚、北碚石砚、万州砚、花石砚、金音石砚，等等。

合川石砚，乃四川著名名砚。砚石产于合川县境内的嘉陵江牛鼻峡一带，也称峡石砚。砚石莹洁滋润，致密坚劲，细腻如玉。有发墨益毫，呵气可研，久用锋芒不退之妙。合川砚石制砚，已有600多年的历史。合川砚的制作，因石立形，随石设计，砚雕题材有楼阁山水、花鸟虫鱼、龙凤人物、寿山福海等20多种。由于造型端庄，生动多样，构思新巧，雕刻精美，历史上的合川石砚一度为文人雅士、书家墨客竞相购藏。

白花石砚，出自嘉陵江畔的广元市。砚石色泽有灰紫、深褐、墨黑、墨绿、深绿之别。雕刻手法以立体浮雕兼俏色雕刻为主，现今仍有小量出产。

金音石砚，又名太保金音砚。石色深黑如漆，质地细腻，坚硬致密，为四川名砚。据有关资料介绍，金音石砚最早见出于唐代。宋、明时期，金音石砚的制作工艺及生产规模有较大的发展。现砚石产地位于重庆市石柱土家族自治县的凤凰乡。用金音石制作的砚，轻轻叩击能听到铜音，音调清悦动听。抚之，有湿涩凉润之感。用以研磨，研之无声，发墨如油。

花石砚，砚石石色为黑绿色，产地在现今的德阳中江武山圣泉。为当地广为人知的民间工艺品。花石，又叫圣泉文石，石色明丽多姿，纹理丰富多彩。刻砚生产历史悠久，造型有长圆形、椭圆形、正方形、正圆形、八棱形、古琴形等，是古蜀风行一时的文房佳品。

蒲砚，古蜀名砚。砚石出产于蒲江县。蒲砚石石质坚硬，粗细均匀，石色以青绿、青紫为主。蒲砚滴水可研，发墨益毫。蒲砚的雕刻，因石设计，砚形端庄高古。题材广泛，其山水人物、花鸟虫鱼的雕刻尤其精妙。民国时期，蒲砚曾参加过全国手工艺品展览会，受到与会方家的高度赞许。

　　出自攀枝花的苴却石砚，历史上并不出在四川，而是出自云南永仁。苴却石砚，砚石主色调为沉凝的紫黑色，石料上天然生长有青如碧玉、红似金瞳的石眼及金田黄、绿萝玉、碧云冻、青花、罗纹、金线、银线等名贵石品，是当代已知的最具丽彩的名砚。

明月松间图
　　砚巧石眼为月，石眼青如碧玉，红似金瞳，堪称稀绝。

石　品

　　石品，是天然生成于砚石中的特色物质。

　　在中国种类众多的砚石中，有的砚类石品稀少，有的砚类石品众多。即便在同一类的砚石中，石品的出现也是时有时无，偶尔得见。苴却砚中的著名石品绿萝玉，曾经在一段时间内面世不少，但近十年来却很少看见。前不久，一位收藏者创下近五万元买一块绿萝玉砚石的新纪录。

　　歙石中有个稀品叫庙前青。四川一藏砚的老先生，知道我曾在歙县做过十多年的歙砚，于是三番五次地来电话向我打听庙前青的情况。一次，他托人带着一块说是庙前青的歙石到攀枝花找我。我看了看，发现，原来是一块青绿色石。这样的砚石，几年前，我在歙县砚雕同行家中见过。

　　庙前青是古代砚谱记载的歙石石品。因其名取得耐人寻味，曾令当年在婺源的我平添过不少想象。1991年，我到了四川，但家乡有关庙前青的寻访仍时常耳闻。有的人说是在龙尾山某坑某点挖出庙前青的，还有的说庙前青其名来自古代龙尾山前的庙宇，庙前青即出自古庙前不远处的青色龙尾石的。还有的人说，已找到古庙遗址，在古庙遗址不远的地方，还开挖出了庙前青，等等。

　　当年，在拥有一百多人的龙尾砚厂，大家都没见过庙前青。就歙石的庙前青，我曾和一位爱好收藏的北京人谈过我个人的观点。一是古谱记载多人云亦云，不必全信。二是古谱中记述庙前青的作者未必真在婺源龙尾山见过庙前青。古人谈砚，描述多，灼见少。古谱中自相矛盾处多，深入实察处少。三是即便古代真有庙前青，砚石本是天生之物，今古时空不同，坑点不一，同一坑点出的砚石也不尽相同。若当世确有见出也属偶然。

精工雕刻的笸箩砚
图为背刻图案。

石品的确很神奇。比如，端砚石中的如波面微尘隐隐浮出，视之无形，浸水乃见的青花，白如晴云，吹之欲散，松如团絮，触之欲起的鱼脑冻。一方砚上出现这样的石品，怎能不令人充满联翩的浮想。

石品是天生在砚石上的珍稀、名贵物类。伴生在砚石中的石品，时有时无，时断时续，有的砚石具有，有的砚石几无。即便在同一砚种，同一名坑，同一时间开采的砚石上也一样。出现在砚石上的石品，有自身别具的形态，也有自己独有的色泽。四大名砚中的端砚石，主要石品有石眼、青花、天青、火捺、蕉叶白、玫瑰紫、猪肝冻、金线、银线、鱼脑冻、冰纹冻等。其中如波面微尘隐隐浮出，视之无形，浸

青花黄古简喜蛛砚

水乃见的青花被誉为上品。白如晴云，吹之欲散，松如团絮，触之欲起的鱼脑冻为最珍稀的名品。

　　歙石的石色为青黑色。出现在歙石上名贵石品金星，有的若夜色中扑闪的星星，有的如斜风中洒下的细雨。歙砚的名贵石品金晕，晕色团团漫晕，朦胧如梦，奇美绝妙。歙石的石品还有罗纹、眉子、鱼子、银晕、庙前青、刷丝、对眉、龙鳞、玉带等，其中罗纹如微风拂于湖面的阵阵清波。眉子状如古典丽人妩媚的娥眉。

绿石蕉牛图
20厘米×15厘米×3厘米

砚林笔记

苴却石，水纹黄膘
竹节砚
　　30厘米×12 厘米×5
厘米

洮河砚的名品有鸭头绿、孔雀绿、爪皮黄、羊肝红等；而鳝鱼黄、蟹壳青、玫瑰紫等则是澄泥砚的名贵石品。

出产于四川攀枝花的苴却砚，主要石品有石眼、绿萝玉、封雪红、碧云冻、金田黄、金地鱼子、鱼脑冻、鳝鱼黄、绿膘、黄膘、青花、天青、玉带、金线、银线、罗纹、鱼子、蕉叶白，等等。其中，尤以

知足

25厘米×15厘米×4.5厘米

砚中的石品玉带，为苴却石中的稀见妙品。砚料上的石皮肌理，天然生趣，雕刻时作者就着肌理入刀，一路刻来。斑驳的树皮若雕若凿，深入浅出。俏刻的喜蛛盘于其上，于清静中韵律动。

青如碧玉、红似金瞳、神溢鲜活的石眼最为著名。

　　石品之所以名贵，第一是珍稀。第二是奇异。第三是美妙。第四
是石品是动态的、变化着的，随时有层出，但也是随时穷尽的。

五铢泉凝
28厘米×23厘米×3厘米

砚林笔记

砚林笔记

青花古瓷砚

百眼百猴巨砚

128厘米×96厘米×12厘米　重190公斤

俞飞鹏设计、主持、主刀雕刻，荣获中国艺术节金奖。

这方大开大合中蕴涵灵动的巨作，因材构思，巧色施艺，整体自然奇异、纯化空灵。新华社记者以"苴却砚王令人叫绝"为题向海内外作了报道。认为"此砚整体婉如一幅秋夜灵山猴趣图，奇妙的构思令人叫绝"。

此砚为苴却砚开发史上的第一巨砚。该砚的问世，四川无巨砚的历史由此改写。

砚林笔记

砚林笔记

易水石，长方清溪
渔家砚（正面）

名　砚

端砚、歙砚、洮河砚和澄泥砚，并称为中国传统的四大名砚，下面我们分别介绍端砚、歙砚、苴却砚和澄泥砚。

一　端砚

端砚出自广东肇庆，问世于唐武德年间。

端砚的器形，总体上比较端庄、方正、规矩、严谨。

端砚雕刻着意求工。端砚之工，会让人联想到古典的家具、传统的工笔画与雕刻艺术、宋代严谨的格律诗词。端砚的工，呈现在一方方砚的具体的雕刻上，雕刻功夫实实在在地下到了砚里。

端砚的雕刻为深浮雕手法。深浮雕的要点，是雕刻的物体皆有一定的深度、层次，同时具有悬浮、立体的感觉。深浮雕是传统的雕刻艺术手法，在我国不少砚类中，我们都能看到这一手法。但端砚的深浮雕别具特色。端砚的深浮兼具镂空。端砚的雕刻，在砚面整体严整、雕刻层叠分明的前提下，巧妙地使用了镂空手法。在观赏上，集深镂、悬浮、镂空于一体。端砚雕刻手法细腻。深浮雕刻的端砚不仅雕得悬浮立体，层次感强，同时雕得入细入理，可谓工细第一。

我喜欢端砚吗？喜欢。我喜欢它的石色，油润的紫色，砚石上天然独具一种与生俱来的高雅的贵态的美感。作为制砚者，对众说不一的端砚砚雕工艺，我也有一种别样的偏爱。

第一，我喜欢手法传统的端砚。端砚的砚样、砚式，造型雕刻，在林立的名砚中，有自己特有的面目风貌。举凡人物、山水、虫鱼、瓜果、云龙，等等，在雕刻手法上，有自成体系的表现语汇。在愈

易水石，长方清溪渔家砚（背面）

发新潮的今天，传统给予人们的感觉并不怎么好，一听说传统，往往似还有一种保守、守旧的意思蕴涵其间。我们不妨看看，现在正在生产着、制作着的砚类中，像端砚这样传承的砚雕工艺已很难一见了。人无而我有，这样的传统弥足珍贵，千万不要漠视这难得的传统遗存。

　　第二，我喜欢端砚雕刻的细致认真。要做好一方砚，手段尽管可以多种多样，但认真却是不二法门。端砚的砚雕工艺，总体来看是一

生就金星、金晕的上品歙石，出自婺源的龙尾山
　　在婺源砚山村的芙蓉溪畔，依稀可见散落的歙砚料。

摄影　陈正东

砚林笔记

种以工细为主的砚雕工艺，有人说，既然是工细的砚雕，认真、工细是理所应当的，其实，哪样的手法离得开认真呢！从来就没有不认真雕刻的砚，能成为一方精品名砚。当今砚林虽有轻视手工功夫、刀功技艺的现象，少严谨、认真之作，以为胡雕乱做皆是一砚，在寥寥几刀、不求甚解地做着似是而非的所谓的砚，但端砚认真依然。

这是当今砚林难得的依然。

端砚有问题吗？有的。从感觉上看，端砚样式过于平实、端正，端砚的制作太过于有板有眼。端砚在创新的道路上太小心、太翼翼，给人有不敢越雷池一步的感觉。

苴却石，金田黄五虎出山图
66厘米×45厘米×5厘米

端砚是中国分量尤重的名砚。在我国，端砚不仅产出量最大，规模优势最高。同时，在制砚整体水平上，在雕刻工艺的细腻上，我认为也是居于首位的。我喜欢端砚，在云南人民出版社出版的《砚谈》一书中，我表露过这种喜欢。对端砚坚守传统手法做砚，我也是持赞成意见的。

在砚雕艺术上，端砚是体现拥有过去式、历史感最多的名砚。砚雕端庄、细腻、传统、端方、沉稳、成熟。但是，砚雕艺术毕竟是艺术，艺术是忌于一成不变的。我不希望端砚成为一味抱守历史的名砚。

▌其却石名品，黄萝玉

砚林笔记

诚然，一个砚种的历史是客观存在的。希望端砚在留住传统的同时，也出现飘逸、灵动之作，创新、求变之作，出现很多富灵机、妙趣的作品。

二 歙砚

歙砚像隐逸之士。

生就有名贵金星、金晕的歙石，深藏在江西婺源的龙尾山麓。婺

其却石名品，碧云涵冻

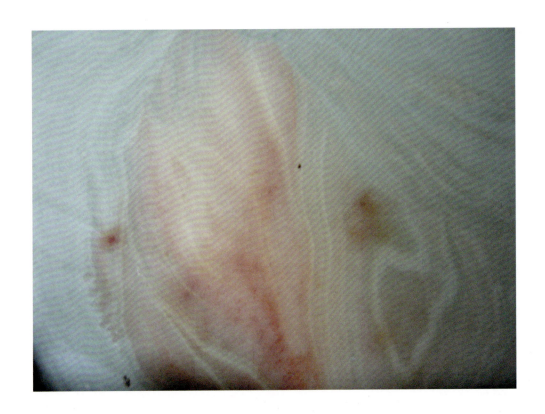

源位于安徽、浙江、江西三省交界处，历史上属安徽歙州所辖。因为名贵的砚石出产于婺源，所以，古代有婺源砚、龙尾砚的称谓。

婺源建县于唐代。县城三面环水，安宁、静谧。

我是婺源人，家居县城老巷里。婺源的老巷，一色的青石铺就。宽的三米左右，窄的不到两米，有的老巷，沿墙根还有一条小溪，溪水清碧，四季不断。坐落在巷里的老屋，粉墙黑瓦，翘角飞檐，屋高两至三层。老巷里，鳞次栉比的皆是明、清古宅。

细长、悠深的巷道里，间或有一小段石阶，漫步其中，拾级而上，不经意间，你可能就走到一家或修于明代，或建于清朝的大宅院前。

歙砚的砚石，呈现出的是一种内敛之美。它的色泽为青黛色，约略一看，和黑色差不了多少，让人生发出歙石缺乏姿彩的感觉。

歙石拥有品种丰繁、纹色各异的石品，其主导石品有金星、金晕、眉子、罗纹等。歙砚石的石品，有的以团样晕开，蒙蒙眬眬如云似雾；有的以点状分布，如漫天散落的星辰；有的线晕相合相生，于看似飘忽中具气象万千。

其一，金星。品种有十多种。金星伴生于石中，呈金色点状布列。有的细小如沙，有的形如谷粒；有的如斜风中飘下的细雨，有的又似清夜中的数点寒星。艺人根据金星状貌的不同，取有很多形象化的称谓，有金晕金星、金花金星、细雨金星、牛毛金星、雨点金星、云雾金星，等等。

其二，金晕。金色，团圈的晕状，晕色或有过渡。生于砚石中的金晕，有的薄如纸片，稍纵即逝；有的也仅有浅显的一层，晕块或大或小了然无定。品名有团荷金晕、玉带金晕、眉纹金晕、金花金晕、环晕金晕等。

其三，眉子。条纹状，其状或粗或细，如曼舞的彩绸自然舒展于砚石中。呈青黑、深青色。眉子的主要品种有长眉子、细眉子、角浪眉子、对眉子、雁湖对眉等。其中古砚谱多见描述的对眉子十分少见，这少见的对眉，恰恰为世人多方打听，尤其雁湖对眉，更为藏家渴求。

其四，罗纹。纹理或状如湖光清波，于微风轻拂中悠悠荡漾；或形如细长飘散的缎彩丝罗，时有微芒隐约忽闪。罗纹品种丰富，主要有水波罗纹、水浪罗纹、细罗纹、刷丝罗纹、粗罗纹、金星罗纹、细雨罗纹，等等。

婺源老屋
尽管老屋旁边新修了现代样式的房子，但我更喜欢老屋的白墙灰瓦，喜欢傍晚时分袅袅腾升的炊烟。

摄影　陈正东

歙砚雕刻，下刀明快坚劲，干净利落，以浮雕浅为主。雕刻或湖畔舟帆、亭台楼阁，或松梧梅竹、虫鱼人物，皆能不尽琢磨，半留本色。于以浅显深中见雕琢工妙。

　　古砚中的歙砚，制作上大多以实用为主。如长方素砚、长方门式回纹砚、抄手砚、蝉形砚、椭圆形砚等。古歙砚的制作之所以这样，主要是突出它的实用。当代歙砚雕刻，整体上看，雕刻少写实、少深雕、少层叠、少满刻、重舒情、重灵性、重刀功、重线条。表现手法上突出于以浅显深、半留本色。

歙石的金晕，块状中也生发出别样的气象
摄影　陈正东

三　苴却砚

20世纪80年代初，有一位新加坡华人来到攀枝花市。

他为寻访苴却砚而来。为了寻找苴却砚，他去过广东肇庆，也到过云南省的永仁县。在永仁县城，他逢人便问如何才能找到苴却镇，当地人说，苴却镇就在县城里，他现在所站立的地方就是苴却镇。其

经过加工的长方形、椭圆形半成品
歙石，砚石上的纹理清晰可见

摄影　陈正东

时的苴却镇，已是旧貌换新颜，除了少数几处残垣断壁依稀可见之外，古苴却镇的概貌早已无从看到。

在当地人的介绍下，寻砚的他来到了攀枝花市。

攀枝花，于1965年建市。1964年时，因攀枝花市建设之需，云南省永仁县出产苴却石的地域划入了四川攀枝花市。

在攀枝花，新加坡华人也没打听到相关苴却石的下落。当时的攀枝花人亦不知苴却砚为何物，更不知道攀枝花市拥有神奇的苴却砚石。

1983年，攀枝花市政府、民间都在寻找的苴却砚终于有了消息。

这一年新春，供职于市文化馆的瞿迎祥、肖泽金，在大龙潭乡遇

苴却石名品，如涟漪荡漾，美轮美奂的绿萝玉

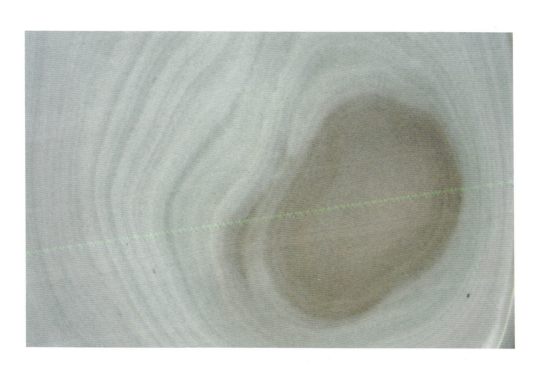

砚林笔记

古泉图
　　这方砚，作者着重
雕刻了一枚古钱。砚石
声如铜，色也如铜。石
品金地墨雨斑，为苴却
石中几无见出的珍稀之
品。

见了高联新。高联新（已故）小时候即学习过苴却砚的雕刻，是做过苴却砚的、目前已知的攀枝花市唯一一位民间砚雕艺人。通过高联新的介绍，攀枝花市由此找到了苴却砚的砚石原产地。

谁是第一方新苴却砚的制作者呢？是俞文香。俞文香是第一方新苴却砚的制作者。通过瞿迎祥、肖泽金等人的介绍，俞文香找到苴却石，并于1985年3月在市内雕出第一方新苴却砚。

2002年，苴却砚开发十多年后，中国文房四宝协会在北京公布了中国最为著名的八大名砚。这次公布的八大名砚，一是对传统四大名砚做了重新认定，二是推出了苴却砚等新四大名砚。

苴却砚，色泽有紫黑色，紫砂红色与苴却绿色，以凝重的紫黑色石为主，砚石出自攀枝花市仁和区平地镇与大龙潭乡。

苴却砚跻身名砚行列，因素有三。

其一是质地。名砚石的质地，其突出表现是，一在细，质地细腻；二在坚，石质坚劲；三在润，质地温润；四在匀，石质匀洁；五在密，坚紧致密。用以为砚，多宜墨益毫，贮水不涸，存墨不腐，耐磨发墨，呵气可研。苴却石不仅具有名砚石的特性，还有自己别样的一些特色。

第一，雨季出汗。攀枝花年年都有雨季。据当地人介绍，每逢连绵不断的冷雨天气，大雾弥漫之时，苴却石自己会出汗，砚石上的水珠清晰可见。

第二，磨刀利刃。用苴却石磨刀，无须花太大的力气，刀就可磨出锋刃来。

第三，逢水明丽。平常看苴却石，石色是浅淡的紫灰色，一遇水，苴却石妙若紫玉的丽色立刻会显现出来。

第四，菜不变质。炎炎夏日，当地人将鲜菜置于石上，存放几天后，菜色如鲜。

其二是石品。名砚多有珍稀、奇异的石品。苴却砚的石品绚丽丰富，异彩纷呈，斑斓多姿，独步天下。主要石品有石眼、绿萝玉、封雪红、碧云冻、金田黄、金地鱼子、鱼脑冻、鳝鱼黄、绿膘、黄膘、青花、天青、玉带、金线、银线、罗纹、鱼子、蕉叶白，等等。

从门类上看，苴却砚的石品主要分两大类。一类形象具体，如石眼、金银线等；另一类无固定形象，如黄膘、绿膘。其中，紫晕红环金星眼、珊瑚青花、金田黄、绿萝玉、碧云冻、玉带、金银线、金地鱼子和胭脂封冻被誉为苴却砚中的九大名品。

▌ 苴却石绣丝眉纹

八珍鹦鹉图
35厘米×27厘米×3厘米

砚林笔记

1.紫晕红环金星眼。石眼青如碧玉，心睛圆正神溢，为金黄色。紫晕晕色丰盈，环绕心睛形成，带红环，为苴却砚中的极品。

2.珊瑚青花。珊瑚状若丛林，多为青黑色，以明晰为上品。

3.金田黄。门类上属黄膘，但与普通黄膘大不相同。金田黄色泽纯黄，无混杂质色，稀见，质色匀洁，有极品美誉。

4.绿萝玉。形如飘散漫开的丝萝状，如幽谷涌翠，碧波泻玉，又似绿萝蔓延。

5. 碧云冻。团样，如大雾初涌，呈半透明封冻状态。

6. 玉带。呈蜿蜒飘忽的带状。带或粗或细，修长、漫散而无定。色彩绿、黄相间，天然成趣。

7. 金银线。线状，呈直线样式，横竖无定。线的色彩或金、或银、或红、或紫黑等，通称金银线。

8. 金地鱼子。黄膘类，黄地，上有均匀的点状，细密如鱼卵。

9. 胭脂封冻。块状，团样。色红如凝脂，有透明感，为苴却砚中的珍贵稀品。

格调古雅的苴却砚砚艺专卖店

其三是砚艺。苴却砚的砚艺，被当代砚林誉为新蜀派风格。

苴却砚的砚雕技艺融合了浅浮雕、镂空雕、深浮雕、圆雕、薄意等多种手法。

其一，在选石造型上，苴却砚多注重自然石形。砚的形态有人工石形与自然石形之别，自然石形少人为而多自然，少重复而多独特，具备孤品性质，因此，备受苴却砚雕刻者喜爱。

其二，雕刻重俏色用品。苴却砚有非常丰富的石品石色，这是苴却砚区别于他砚的关键所在。因为每一方砚都有自己独具的石品石色，因此，苴却砚方方要经过设计，而设计、雕刻多注重俏色、用品。

其三，手法多样。苴却砚的石品非常丰富，苴却砚的石色异彩纷呈，掌握一种雕刻手法，不足以反映苴却砚的全貌，而浅浮雕、镂空雕、深浮雕、圆雕、薄意等多种手法多样并存，能在更大程度上凸显苴却砚的综合风貌与雕刻艺术水平。这也是苴却砚形成自由、浑实、明丽、奔放风格的重要因素所在。

从1991年开始，苴却砚在全国各式博览会上夺得数十个金奖奖项。1995年，声名日著的苴却砚，成为乔石委员长出访日本、韩国的国礼，分别赠送给日本天皇和韩国总统。

2002年，经中国文房四宝协会组织专家评定，苴却砚成为新四大名砚之一，步入国家级著名名砚行列。

四　澄泥砚

澄泥砚。澄，清澄且蕴涵澄净；泥，清心、温润的气息。澄泥砚起源于陶砚，是一种以澄滤过的泥制成的砚，是我国传统四大名砚中唯一不是石制的名砚。

澄泥砚由人工层层过滤的细泥，经过繁难工序制作而成。据史料记载，澄泥砚的生产在唐代已比较繁荣。出产于绛州（今山西省新绛县）的澄泥砚在唐代已被列为贡品，享有"砚中第一"的美誉。

传说古人取用的澄泥泥料，是通过将张着袋口的绢袋，长时期地置于流动的汾河水中，日复一日、年复一年后才艰辛获得。至于澄泥砚的制作，需经和泥、制坯、雕刻、着色等十多道工序，最后烧、蒸成砚。

古代澄泥砚的制作，又据宋代苏易简《文房四谱》记载："以埏泥令入于水中，按之，贮于瓮器内。然后别以一瓮贮清水，以夹布事

观书图
21厘米×15厘米×3厘米

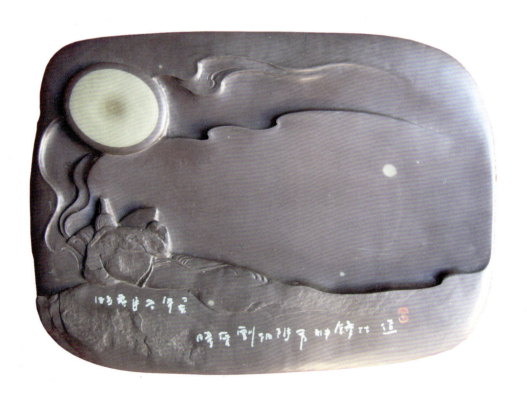

渔者

39厘米×28.5厘米×3.9厘米

　　砚形态浑圆，样式可人。砚石上石眼、绿膘共生，可谓难得。

　　细读这砚，可以看到砚里还斜斜飘忽的生有一银线，也因了这银线，作者的艺术巧思得到生发。作者在砚中巧把银线为鱼线，在砚的左部刻一瞌睡的渔翁。渔翁拢竿而坐，画面上渔竿略弯，鱼线绵长，眼似星月丽空，膘如烟云隐现。鱼究竟钓到没有，作者在砚里没有明说。

　　此砚手法洗练，画面出奇的旷远，全砚着刀不多，却寓含不尽之意。

　　囊盛其泥而摆之，俟其至细，去清水，令其干。入黄丹团和溲如面。作二模如造茶者，以物击之，令其坚，以竹刀刻作砚状，大小随意，微阴干，然后以刀手刻削如法曝过，间空垛于地，厚以稻糠并黄牛粪搅之，而烧一伏时，然后入墨蜡贮米醋而蒸至五七度，含津溢墨，亦足亚于石者。"由于古代澄泥砚的制作工艺繁杂艰难，加之秘方严格保密，从业人员得不到真传，故宋、元、明以来，澄泥砚传世稀少。

通过烧制，澄泥砚砚质坚劲，经久耐磨，贮水不涸，历寒而不冰，呵气而可研。澄泥砚的主要名品有鳝鱼黄、蟹壳青、玫瑰紫、绿豆砂、豆瓣砂等，清朱栋《砚小史》认为，澄泥之最上品为鳝鱼黄，其次为绿豆砂，又次为玫瑰紫。

澄泥砚的制作，其最大的特点是，可以根据需要和可能随意造型，可塑性强。不易精雕细刻，小砚的产出率比较而言高于大砚。古法制作的澄泥砚早已失传，现今新研制的澄泥砚，主要产于山西、河南、山东等地。

从澄泥砚的收藏看，天津市艺术博物馆馆藏的明代《硃砂荷鱼澄泥砚》，是一方给人印象深刻的名砚。

第一次见到《硃砂荷鱼澄泥砚》，是在一本杂志上。当时，供职于婺源龙尾砚厂、看惯了青黑色歙砚的我，一瞬间被这方带有红彤彤色泽的砚，深深地吸引住了目光。此砚呈横长形，长24厘米，宽15厘米，厚2.2厘米。砚由荷、鱼组合，鱼侧卧于荷叶上，头朝左，体态饱满的鱼身巧为砚堂，鱼尾展开，鱼下的荷叶略微上翻，作自然合围状，砚池则于荷叶与鱼的间隙处巧妙形成。雕刻上，鱼头、鱼眼、鱼背约略着刀，以鱼背的弧线作为统领全砚的主线。鱼尾处展开的几根线条，处理得美妙而恰到好处。鱼下的荷叶，虽鲜见刻画，然有度的错落增强了砚的层次感，很好地衬托了鱼，从而使作为主体的鱼显得格外分明。

从整体上看，此砚构思奇巧，主体突出。在雕刻及艺术处理上，既洗练简洁又富于变化，堪称中国名砚中难得的砚林珍品。

论　艺

　　面对一块普通的砚石，通常，设计者对这块砚石会做普通的设计处理。一是砚石普通，下决心设计，即便设计可以，雕起来未必容易，砚的最终身价也不见得能提高多少。二是砚石普通，设计一般，雕刻起来也容易。多雕几方容易雕刻的砚，价值同样可以获得。

　　砚石普通，通常体现在哪里？

　　看砚石，有人重石品。一块砚石在手，先看看砚石上有什么样的石品，比如，端砚石、茞却砚石，大多要看石眼、青花、黄膘、绿膘等如何？看石眼，要看有多少个石眼，石眼的大小怎样，石眼长在什么方位等。比方歙石，看石品，大多要看金星、金晕等。

　　重品的人认为，石品一般者即砚石普通者。

　　看砚石，也有人重砚石大小。大砚石可做大砚，大砚意味着大的价钱，大砚在市场上往往喜欢者众。于是，喜欢大砚石者，多半会认为，小砚石是普通砚石。

　　看砚石，还有一种人喜欢看石形，看砚石形态的好与不好，看是否天然成形，这石形又是否天然成趣，这石形是否可能生发出别样的妙想，从而创意雕刻出非一般的佳作。在重石形者眼里，"形"或许至上，砚石的形状、相貌有问题者，应就是砚石普通者。

　　当然，看砚石绝非以上几类，综合来看的亦大有人在。就能够设

长方歙石素池砚（正面）
20厘米×15厘米×3厘米

计的砚雕家看，这类砚雕家多是艺术型的人，而艺术型的人又几乎都是具独特个性者，个性的不同，体现喜好的不同，喜好的不同，在设计上又有侧重于大，着重于形，偏重于品等的不一，于是因为看砚石者的不同，不一样的砚石在不同的作者手上，其结果也不尽相同，甚至于大不相同。

试以一砚石为例，这砚石为一般砚形，大小只有20厘米见方，眼绝好。重形者，看形一般般，没什么新意，可能想也不多想，一个设计就出笼了。重大小者，如此平常的大小，何必花心思去构想，随便画一个设计解决问题算了。到了重品者手里，看这石眼真是好啊，形浑圆，色纯净。于是设计，打稿，几经反复，最终出来一个自认为可以的设计方案。

　　上述三个方案，可能有好者，也可能个个皆有问题。

　　先说形者。看砚形也如看山，也可以是横看成岭侧成峰的。一石之形，认真而负有责任地看，得从多个角度来看，得找出最好的角度来设计。好的砚艺家常常独具慧眼，在别人看似平常中发现、生发出不平常，从而创造出非一般的神奇。

　　再说重品者。砚料的石品好，只是砚石天生的一面。重品，还得看怎么重，如何来重。为了体现重品，不少制砚者在设计上颇费心思。

　　以上面谈及的石眼为例，重石眼者，有画个老僧高高举起石眼为重的，有设计一人物，紧抱石眼大眼瞪小眼看的，有直接将石眼安在虫鱼鸟兽的眼睛上的，以视其重用石眼，在妙用石眼。

　　重眼，不一定要把眼设计成什么，把眼怎么样才叫重。有时把眼一亮，什么也不雕，眼可能就是绝妙的一轮皓月啊！

　　刻了不少的砚，也看过许多砚。我想在此谈谈刻砚，想换一种谈法，不谈刻砚中具体的雕刻，专谈我看到的一个山坞里的刻砚人，我以为这样的谈法亦有意义。

　　2002年，我曾经看到一个三十岁左右的刻砚者，他住在一偏僻的山坞里，我到他家时，他还在自家农田里干农活。在他家里，我先看到的是他雕的砚。他雕的砚，第一，是传统名砚厂里，好多人在学徒期间学过的长方砚，这样的砚，讲究尺度，讲究做工，讲究线条，传统而规范。他做的砚绝大多数是这样的砚。这样的砚，形太严谨，工太细致，

长方歙石素池砚 （背面）
20厘米×15厘米×3厘米

又卖不出什么大价钱，很多人都不做了，很多名砚厂家做得少了。

第二，他专攻一种图案。这图案来自芥子园画谱，他不像有些作者，抄芥子园，搬芥子园，他是认真、刻苦地在学芥子园。

第三，他只做浅浮雕。浅浮雕嘛，看着平平的、浅浅的，雕出的砚没什么卖相。不比深浮雕，立体、深雕、悬浮、圆浑，好看又好卖。

很多人因此放弃了浅浮雕，在做深雕的砚。他没有，他正在做，而且做得一丝不苟，入细入理，雕出了一片新天地。

第四，看他雕砚的地方，桌子上能参考的绘画书籍几乎没有。不像一些刻砚人，有太多的参考书可看，就是不知如何刻好一方砚。

他雕的砚，几无浮躁之气。在这样一个偏僻的山坞里，能如此刻砚，令我不由得刮目相看。

古樂
27厘米×26厘米×10厘米
形浑然，貌古朴。既为鼓，又是砚。此砚可圈可点之处，在于作者雕刻时没有仅作一鼓形，而是在鼓的构成中赋予了一些别开生面的语言，从而刻出了新意。

　　我们见面后，关于砚里的道道，他的确没谈出什么。这样一个农人，在我的大脑中，有关他的相貌已然模糊，而他的砚却依旧清晰。

　　我想，做好砚，有时候真是说难也不难。在这样的山坞里，他能做的，就是刻砚时平心静气地下好每一刀，做好每一方砚。实际上，只要一心一意地做，做好一个题材，一样能出手不凡。

制砚六要

砚林笔记

　　制砚并不全在具体的雕刻、刀功，它有很多的要点。概括地说，至少有以下六个要点：

　　第一个要点，先得识料。不同的砚料出自不同的坑点，同一坑点的砚料也不尽相同。砚料中有断层、裂缝很正常，但要在众多形态、

荷溪纳凉图
　　荷叶聚散有致，疏密相间。荷塘星月隐映，两只小鸟顾盼着栖息其中。此砚料形横长，形如长卷。作者以线面结合的方式，兼工带写的雕刻手法，很好的传达出夏夜荷塘宁静、清凉的感觉。

质地不一的料石中，辨别出有问题的砚料，个中确有门道。

有人说，家中藏有一块大甾却石料，料石有多么多么的大，石料上有多少大大小小的石眼，大的石眼有多大，小的有生在这一面，有生在那一面，还有生在侧面，石眼又如何得好，等等。

我问，料石质地如何，砚石的质地好吗？

达摩神悟图
20厘米×15厘米×2.5厘米
神悟的达摩，双目略合，超然方外。
作者偶刻达摩，时有新得。此砚之达摩，作者聚悟态于神韵。其刀尖下的细腻感，别有的劈砍挥写，泼辣凝练，多有呈现。

他不说了。是啊，砚石的质地好与不好，有无问题，他真的不知道。砚石自己也不能开口说，他又不知用什么方法去看，如何知道呢？

　　一块料石可不可以用来制砚，不在石料本身的大小。大的料石不一定就能做大砚。比方说，砚石中间出现难以避开的明显凸出的横、竖状交叉石线。又比如说，砚石上有裂痕，石里有内伤，拿这样的大料石轻率地做砚，难保不出问题。

　　大大小小，形态各异的料石，一眼看去，似乎没有什么差别。其实，个中有优有劣，有的甚至可以说是天壤之别。料石有无内伤？有无断裂？刀边、斜口情况如何？这些都是识料的重要内容和环节。须知，砚石中有宜于制砚的上乘之料，也有根本就做不成砚的废料。料石的伤病，有的出现在砚石的面上，有的存在于侧面的夹缝中，有的凭肉眼直接观看，什么也看不到。

　　一般来说，选料的方法有二：

　　其一，往料石上泼清水。用水清洗料石，待半干状态时再看，不仅看料石的正、反两面，还要看侧面，如砚石有细长的线状水线者，可视为石病。

　　其二，用铁锤敲击。如苴却砚石、歙石，其声清脆者为正品，声音沙哑者大多有内伤。

　　有人说，砚料就要厚，砚料厚才好。这种说法有一定的问题。砚有砚的比例关系，砚的长、宽、厚从来都是相得益彰，美在恰到好处。

　　第二个要点，如何在料石上择取砚形？从大类上分，砚形主要分为两类：一类是直线形。如传统砚中的长方形、正方形砚。另一类是曲线形。如长圆形、自然形、圆形、椭圆形等。

　　选用料石的原则是，要将能用之料尽量地、尽最大可能地利用。

　　本着这一原则，选料取形时，一是应避开石病。二是应避开病线。三是砚形宜方则方，宜曲则曲。

选用自然异形，竖式砚形应上下宽度一样或上小下宽，不宜上大下小。横式砚形也宜上小下宽。选用长方形或正方形等传统砚形，则应尺度严谨，长、宽、厚一致。当然，特异之形者例外。

第三个要点，着入手砚的设计应注意什么？砚的设计，高手构想各有妙招，途径多样。设计时应把握的要点，是不同形式的设计都需充分考虑砚的实用功能。所以，砚的设计前提，应以是否便利于实用为前提。

设计时要注意砚池、砚堂、砚边的互为作用关系。堂宜大，池宜

其却石，青铜遗韵

与市面上外观漂亮好看的砚不同，青铜遗韵砚，不见莺歌燕舞的喜悦，没有春风得意的欢快。调子凝重、清峻，不鲜亮也不明快。此砚构筑独特，形与艺交相互融，下刀若写若思，或雕或琢，刀凝砚里而神游天外。全砚叠映着作者对远古文化的追溯、怀想。

藏，边宜活。具体设计时，可从以下几个方面入手：

首先，依砚形设计。砚形有方正、长圆等不同之形，形与形各异，根据形的不同，施入相应、适宜的形态。

其次，找出砚石中的石品，围绕石品进行设计。如巧用端石的石线，设计成汉简；妙用歙石的金星，设计成雨点等。

再次，随色彩设计。可依循砚石上的色彩展开联想，如巧用苴却石的绿色膘石，设计成荷叶、蕉叶等。

最后，视料石整体情况进行设计。料石厚重可考虑宜于深浮雕刻的设计；反之则可采用适合浅刻手法的设计。

设计打稿，可先用画纸蒙出砚石外形，然后，在纸上用铅笔设计。

七星古简砚

65厘米×23厘米×8厘米

砚横长，形浑成。自然残缺的古简，如尘封千年的上古之物。篆刻于上的书体、印章与残留其间的陈泥，舒展自然。伴生其中的名贵石眼，青如碧玉，红似金瞳，如天成七星，透射着珍稀与不凡。

设计稿画好，用复写纸复写在砚石上。也可用毛笔直接在砚石上起稿。

第四个要点，学砚起步刻什么砚？刻砚重在砚。在龙尾砚厂，学砚的第一步是做素砚。这素砚要学三至六个月。素砚，指的是具有砚池、砚堂、砚边，而不雕任何图案的砚。常见的素砚，有长方形素砚与椭圆形素砚。做素砚，要求你在什么图案也没有的情形下做好一方砚，做精彩一方砚。这有如学画过程中的素描练习。靠几支铅笔，用单一的色调画出深浅，不仅要真实地再现所描绘的物体，而且同时要

| 鲁石，石鼓砚

将所画对象的质感、量感、空间感、立体感、色彩感表现出来。学做这样的砚，可以接触和感悟砚的线条之美、圆润之美、造型之美、空灵之美、浑然之美。体味质朴的砚雕语言。对艺徒日后形成严谨、规范的专业素养，有着太多的益处，非常锤炼人。

第五个要点，砚雕要不要讲做工？要。必须要讲做工。砚的做工是制砚的砚内功。砚的内功包括这样几个方面：一是线条功夫。二是开池功夫。三是刀功技艺。四是砚式、雕刻及整体造型、打磨等。要是一根线条都做得别扭，如何开好一个砚池都没办法，连制砚基本的内功都不具有，这样的砚怎么能让人顿生敬意？

第六个要点，为什么有人天天做砚却做不好砚？天天做砚，无疑有手上功夫。不过，要做出上品之砚，仅有手上功夫仍然苍白。做砚不但需要勤做，而且还需要多思、多想。需要有砚外之功做支撑。好砚不仅用手做，而且更要用脑、用心来做。

说砚时，我们常说到弥工弥俗。这是什么意思呢？弥工弥俗，说的是该雕不该雕的都大雕特雕一番，不知有虚才有实，不知都实其实没实，不知有时的不雕实胜于下刀。

砚之"框"

相石刻砚，其间需要面对不少的"框"。

其一是"形"框。任何一块到你手中的料石，都有具体的形态，

双栖
31厘米×24厘米×3厘米

鱼

27厘米×21厘米×5厘米

　　缘石而得鱼。此鱼刻画不尽实写,作者飞扬的思绪、浪漫的想象,刻砚因石施艺,不落俗套,不拘成法的特质,已见流溢。

砚林笔记

　　但这仅是料石的形态。

　　砚有砚的形态。比如,正方形的砚、长方形的砚、椭圆形的砚,等等,这些砚皆有比例恰当的长度、宽度与厚度,这是砚给予人们的基本概念。但是,这基本的概念又不是一成不变的。自然成形的料石,也可以依形为砚，有的甚至可以因为这一天然成趣的"形"，成就一方很有意思的砚，而有的砚石也是天然成形，却不能依形做砚。

　　有的石形，形态天然却四平八稳，找不到形的问题，也看不到形的个性。有的是切割好了的标准砚形。如长方形、椭圆形等。这样的砚形，砚池、砚堂、砚边的位置好像已经一一划定，是"框"的感觉

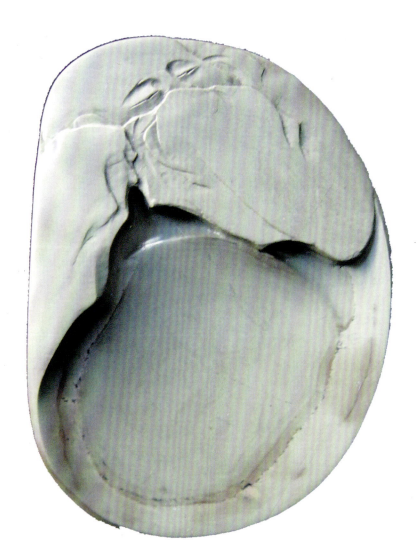

神悟图

最为突出的形。

有的砚石之形，天然成趣，凸兀、别致，很能让人产生创作的灵感与冲动。神思可能飞扬，构想可能新颖。做砚者是依形做砚，还是依形做成了其他则就很难说了。还有这样的料石，你知道它的形态可人，却找不到为砚的切入点，这样的形，困扰你的可能是数天、数月，甚至于数年。

石形是石形，砚形是砚形。如何将石形巧为砚形？如何突破已成形的砚形？是被形框住，还是跳出"形"外？石形、砚形，形形皆框啊！

■ 苴却石背刻，渔舟唱晚图

其二是"砚"框。砚不仅有形的约束，还有作为砚应有的具体内容，比如，砚的池、堂、边，砚的实用性等。这些框随时在限制你的艺术创作。不管不顾这"框"，自己做的是不是砚，可能连自己都不知道。只按框框做砚，一辈子做着框里的砚，唱着一成不变的歌谣也太庸碌了。

其三是"饰"框。举凡雕刻于砚中的奇山秀水，钟鼎人物，松梧梅竹，花鸟虫鱼，等等，都是用来"饰"于砚、美化于砚的。一些人搞不明白其中的道理，一心一意于"饰"的探究，有专心雕龙的，有

婺源龙尾山脚，混杂在废石料中的青色歙石

摄影　陈正东

沉浸于山水的，也有明白自己是在刻砚的作者，可刻着刻着，雕龙的想着如何把龙雕得栩栩如生，雕鹤的想着如何将鹤刻得翻飞自如。心思全没有用在如何刻砚，如此这般又如何能刻好一方砚呢！

山水刻得好，只能证明你会刻山水；人物雕得好，也只能证明你会雕人物。可你分明是在雕砚。在砚石上雕出山水画、人物画的你，砚雕得好吗？

其四是“传统”框。传统是一种面目，一种样式，一种习惯，一种约定，似乎自然而然。传统似一股无形的绳，束缚你，左右你，你的飞扬与浪漫有时就在这样的约束中化为乌有。传统告诉你，砚必然是这样，理应是这样，只能是这样。……你刻着认为传统的砚，日久天长，不再想越雷池一步。传统像一张无形的网，你左冲右突，几经挣扎，却仍在网里。

做工一丝不苟、严谨工巧的线，舒畅自如、浑然饱满的池头，空灵圆活找不到丁点浮料的池。大家都在努力学着这样做砚，都习惯于做这样的砚，传统无时无刻不在提醒着你，安排着你，指挥着你，如一根无形却无处不在的指挥棒。它指挥着你这样走着，日复一日，年复一年，丹青不知华发生。

传统像一座高山，让你仰慕。没有传统的砚刻，就像断了线的风筝，可以自由翻飞，却无法飞得高远。

没有传统是可怕的。不过，我们也不能一直刻着传统留下的砚样。老祖宗是这样刻的，我们也这样刻；老祖宗只雕刻了这样一些题材，我们也只能雕这些题材。我们也不能只这样刻砚，就知道这样刻砚，而没有创新，只在传统砚雕里沉浸。

砚之"现"

　　刻砚是融合"实"与"现"的艺术。在砚石上，用凹、凸的手法雕刻出你想雕刻的物象，实现着你想实现的理想，传达着你想传达的美感。或凹或凸，实实在在地下刀，一刀一刀地雕刻，无一不体现在"实"上，着力于"实"上，这是砚雕艺术"实"的一面。"现"，有再现、毕现、实现、细现、隐现、偶现、虚现等等的不同，不同的"现"，各具特色，不同的"现"形成砚雕艺术的不同面貌与风采。

　　端砚、歙砚，各有独具一格、独领风骚的"现"。

　　端砚的"现"，追求的是深浮、立体、镂空的"现"。这"现"，有毕现的成分，更有入细入理的细现、真现。端砚刻刀下的物象，能"现"与不可能"现"者，制砚者想方设法，变着法儿地求"现"。看得见却捉摸不透、行踪不定的云，在端砚雕刻上可以毕现得非常具体，非常立体。一叶小舟泊于水中，舟上的一应物体，或船身，或雨篷，或船竿是一定要细致刻画的，如船上有二人对坐，把酒临风，这二人在端砚作者的刀下也一定是要毕现、细现的。不仅如此，小舟下的水同样要毕现。端砚雕刻的荷叶，看似没什么可雕的荷叶梗上，端砚的雕刻者同样可以立体地毕现、细现出一些可雕的"东西"来。

　　歙砚的"现"，多见于偶现与隐现。雕刻上是能现则一定要现，甚至是机锋毕现，锋芒尽露，不必现者则尽可能不现。同样刻云，歙砚

砚林笔记

水墨江南

　　江南可采莲，莲叶何田田。砚面上，一女子坐在船头，从蕉林中摇桨而出，这女子是采莲人吗？

　　砚料中密布有大大小小的石眼、色绿，状若江南水乡的莲叶。江南的采莲景象应如何表现？水乡味又如何描述？此砚作者避直就曲，用中国画的水墨手法做了有意思的尝试。

的云少有具体呈现的可捉摸之云，而多见偶现与隐现的灵动之云。歙砚雕刻，追求的是不着一刀却尽得风流的隐约之"现"，是一种犹抱琵琶半遮面的感觉。同样是一叶小舟，歙砚在雕刻上更喜欢用点到为止的手法，如雕一片上现下隐的风帆，以替代整个的舟船，或刻舟船的船头，其他能隐去的部分则尽数隐去。在歙砚的雕刻上，偶尔也看见雕有荷梗的荷叶，但歙砚的荷梗大多是意刻的、写意的、隐现的。

出自天府之国的四川的苴却砚，有砚林新贵之誉。见习过端砚的毕现与细现，感受了歙砚的偶现与隐现，重新面世、姗姗来迟的苴却砚，其砚雕之路应如何走呢？

我以为，苴却砚之"现"，一是可以求真。求真，意即在雕刻物象上追求真实。二是探索求实。苴却砚石是一适宜立体表现的名贵砚石。求实，即是在雕刻上追求立体、浑实的表现手法。三是求自然。雕刻上的工与写、繁与简，不刻意以求，而是在理解、把握砚雕语言的基

故乡月初静

松石静立，月影、星光下的小屋显得尤其寂然。砚整体给人以天高地远之感，俏雕的老松，有如在召唤远方的游子。

础上，求艺术的自然浑成。

砚雕艺术各个不同的"实"与"现"，有砚石本身的原因和局限，如端石之利于深雕和歙石之宜于浅刻，同时亦在于不同砚种之间相异的评价体系。在端砚，一方砚的雕刻，层次是否分明，镂刻是否空浮，下刀是否工细，定然是其评价体系中非常重要的环节。在代有流传的歙砚评价体系，端砚的重要一环却非歙砚的评定准则。评价体系的不同，最终形成不同的砚雕艺术流派，形成个个相异，各具特色的风貌、风格。

端砚的毕现与细现，重在砚雕的"实"；歙砚的偶现与隐现，工于

天开紫韵

砚雕的"虚"。一强调"有"，一突出"无"。端砚与歙砚的砚雕工艺，谁为优，谁又为劣？我以为，实写有如油画的表现，意刻好比国画的手法，太过则为劣，恰到好处则为优。就像端砚砚雕上的端方、工细，让人觉得过于规矩，过于有板有眼一样，歙砚的浅浮雕，也给人以工于玩虚、偏于机巧、甜媚有余而内涵不足的印象。单刀直入，直抒胸臆非一定不好，含而不露，不把话说清有时亦能误事。

端砚、歙砚与砚林新贵苴却砚，是目前雄踞中国名砚之林的名砚。

当一个砚种的制砚者都习惯于某种手法做砚且以此为艺术、为能事时，不管它是否为名砚，我以为这个砚种的隐忧已然存在。

值得一提的是，砚林中的一些有识之士已经看到了这方面的问题，有的已在砚艺上开始做一些新的尝试与探索。

苴却石，一品天鹤图
应形生意，以刀代笔。一品天鹤图可谓亦石亦鹤，亦人亦天，人天合一。

文化味

砚贵有文化味。

有人说，文化味嘛，容易，在砚上多铭刻些书法文字，多雕几个方、圆不同的印章，文化味看着不就显现出来了。于是，砚上模刻甲骨文、汉简、篆书、碑帖者有之，砚上雕仿乾隆御览、康熙宝鉴，甚至唐太宗宝鉴者也有之。在砚林，我们看到不少铭有文字、刻有印记的砚，这些砚，或因为字的拙劣，或因为款的杂乱，或因为章的低俗，让赏砚之人倒了胃口，乘兴而来，败兴而去。也有人以为，是否做得出具文化味的砚，要看制砚者是什么样的文化。言下之意，大概是看砚的制作者的文凭，看其是大学学历，还是研究生学历。事实上，一些看似有文化的刻砚者，凿制出的砚难以让人心生敬意，甚至乏善可陈。

一个没有文化涵养的刻砚者，雕不出有品位的砚很正常，因为有品位的砚雕需要制砚者的文化底蕴做支撑。一个有文化层次的人刻不出好砚来也很正常。因为，文化固然是刻出好砚的一个重要方面，但有无很强的砚雕功底是必备的前提和条件。有学历不等于有文化，一个怀揣高等学历的制砚者，不等于一定就能雕出有文化味的砚来。

制砚，是否能刻出具文化味的砚来，砚的制作者得有砚内功夫，得会制砚，得制出能因材施艺的、有砚味的、有技艺的砚作。砚味都谈不上，砚的文化味又何以存乎？得了解、知悉砚文化的历史，明晰砚雕艺术的来龙去脉。得增强多方面的学养，得具砚外功夫。这的确是能否制出具文化味的砚雕艺术作品的前提。所谓和气至祥，与就是得；所谓知足常乐，处世须让。这皆是中国文化的有机组成部分。当然，要刻出有文化的砚来，多读书一定是必要的。这其中包含有意识地多读一些文学、戏剧、美学、绘画、砚雕艺术方面的书籍。

砚的文化味究竟如何体现？砚的文化"文"在何处？又"化"在哪里？

我常说，刻出好砚的名家，非为单兵作战，而是有雄厚的集团军在做支撑。他们或去李白、杜甫的诗里探访，他们喜欢"采菊东篱

▌绿萝古简砚

下，悠然见南山"的陶令。他们品味"念天地之悠悠"的境界，读范仲淹的"先天下之忧"，爱苏子东坡的"把酒问青天"。在他们的砚里，浸润着吴道子、范宽、马远、郑板桥、陈老莲、任伯年的画境神思，刻刀下生发的是汉隶、唐楷的韵味。

砚的文化味，一定不在具体的砚中文字的有与无，或文字的多与少，雅与俗，铭字的工与巧等。文化味是砚雕家雕刻过程中寓于其间的文化、书卷气息。有文化的砚，不再斤斤于刀功技巧，不再以准确的物形夸耀，不以好看、好卖撩人。你看到的不再是它的妩媚、甜俗，它不凭

其却石背刻，松间楼阁图

砚林笔记

117

砚林笔记

其却石背刻，空谷鸣泉图

唐女
25厘米×9厘米×3厘米

砚林笔记

张扬的态势惊动天地，它现幽思于砚里，弥逸气于砚外。砚或许看似朴实无华，不琢不雕，甚至于不令时人眼热，而砚中的一切却是那样的耐人寻味，儒雅自然。

名家制硯

名家制硯，乃名家手制之硯。

名家，从当代看，一是由政府、官方认定并授予的大师，如中国工艺美术大师、省级工艺美术大师等。一是制硯界知名的、以自己的实力打拼出来的硯雕艺术家。

硯林中，有以勤于硯雕艺术、做出过人成绩的名家。名家中，有以获得政府肯定，以荣获某某工艺美术大师称号为荣者，有无意官方授予名号的名手名家。也有看重官方名号，想方设法求得大师称号，有名而无实、借名家头衔来谋一己私利者。

市场上的硯，种类、品类看似繁多，细想起来无非两大类，一类是名家制硯，另一类为非名家制硯。

名家制硯是硯林中独树一帜的艺术硯。非名家硯中，有被买家视为商品硯、匠雕、行货的产品，有技术熟练的匠人制硯，有新手的练刀之作。其中，商品硯、行货多是按照一般人的喜欢、爱好及认知程度制作的硯。商品硯的制作：一是雕刻的形象着重于通俗易懂，硯上雕刻的能让人一看就明白雕的是什么。二是商品硯一般都会做得热闹、好看，题材上比较喜庆、吉利，要点在于讨人欢喜。三是商品硯着重于外观效果，主要在硯的制作表层上下工夫。四是商品硯多按程序、套路制作，可以不断复制。

名家制砚，综合体现的是砚雕艺术家的工力、水准、追求、境界，是砚雕艺术家更高层面、更个性化的一些"东西"。砚做到这一层次，是绚烂之极后的返璞，是平平淡淡中的真，砚中多见的是天趣，是自然而然，这时的砚，看着雕了很多却想让人觉得什么也没雕，一心追求的是"不雕"的境界。这样的砚，一眼看去很容易给人以平常的，甚至于什么也没雕的感觉。

苴却石背刻，溪涧观书图

艺术砚，是艺术家个人独创的、自己都无法复制的、经得起一看、二看和再读再看的风神独具之砚。

商品砚如同正在燃放的鞭炮，热闹是热闹的，只是它仅有热闹，热闹之后便是悄无声息的沉寂。艺术砚的气韵蕴涵于砚里，才思见于砚外，拥有的是久远的魅力。

第一次到北京，年少的我急切切地要去一个地方——北京琉璃厂。去那儿，不仅是想看看云集于那儿的各式名砚，更想看看其中名家制作的名砚。我从东琉璃厂走到西琉璃厂，看了某某"阁"的砚，又到

唐人诗意图
39厘米×29厘米×4厘米

砚林笔记

田黄聚宝砚

35厘米×21 厘米×5 厘米

一直想刻出古物出土的感觉，陈泥淤积，古董初露，那一瞬的感受，早在龙尾砚时便想捉刀表现。苴却石天然的田黄色泽，和古币的铜色恰是合乎，于是形态特具的古币便成了古物的“替身”。比之以往的古币砚，此砚在构筑与设想，俏色与工精上更显圆熟，整体更为厚重，也多了些浑然。

某某“轩”去寻访，还到了某某“斋”、某某“堂”去看，想看到眼睛为之一亮、精神为之一振的名家制砚。在琉璃厂，我看到太多的砚。为了看到自己想看的名家制砚，我向不少店家做了打听，生怕错过了热切地想看到的砚。

一个砚雕家，一生雕出的砚总是数量有限的。这不仅仅是因为制砚不同于绘画，可以一挥而就。制砚还是脑力、体力相结合的产物，

苴卻石，荷塘夏雨

忽然而至的阵雨横扫荷塘，起伏的荷叶有如在风雨中翻转，一对田蛙惊觉地张大眼睛，相依在风雨中。

此砚不仅有青浅可人的青花、绿膘，还有意外出现在砚中的两个大石眼。俏绿色雕刻的田蛙鲜活生动，呈跃跃欲试之状，似一触即发。有意思的是，荷塘中的田蛙好像发现了什么，又像瞠眼在看着什么，是看一藏一现的横生妙趣的石眼，还是好奇于忽来的夏雨呢？

有制砚之心，如果没有体力做支撑，同样难以刻出好砚。

名家制砚，是偶见藏家购进，却不见藏家出让的名砚，是砚价不断看涨的名手制砚，是当今砚藏中备受关注的热点名砚。一位身居北京的爱砚家，数年前开始收藏我的作品，他的手上藏有我做的近三十方砚，一方未让。有人愿出高于原价十倍以上的价钱买下他的藏品，却至今未能如愿。

名家制砚的主要特点，一是风格鲜明。名家之砚显然不同于我们在市场上所习见的一般雕砚，而有砚雕艺术家鲜明的特色和独具的个人风格。二是砚艺手法独特。在砚雕艺术处理、雕刻技艺、表现手法上同样卓尔不群，极富个性。三是创意别具。名家制砚在创意上多有出新，可以让人品读再三，独具一格且寓意深远。

一方好的名家砚有如一部好书，它让人读着层层深入，引人入胜且发人深省。看似意料之外，实乃情理之中。看似不费工夫，顺手拈来但却妙不可言。

砚艺上成为名家不易。如果你仅仅是砚雕得可以，人家会说，不就是会雕两刀吗？雕虫小技，匠雕，成不了气候。你如果理论、学术

婺源乡间的小木桥
让人想起小桥、流水、人家。当年供职龙尾砚厂，上班路上，我天天都要经过这样的小木桥。

摄影　陈正东

上见长，也有人会说，理论家嘛，会说一些空头理论，雕砚，那就不一定了。

砚林名家，不应等同于一般的制砚者。比如说制砚，名家不能说仅仅可以雕一些说不上好但也过得去的砚雕作品，因为这样的作品一般人都可以做。名家更不应是只"泊"于雕刻上。他应有所思、有所想，在自己所从事的行业，有不等同于一般的理论以及学术上的探索、研究。有独特的见识，有突出的成就。

衡量一件砚雕作品的艺术价值、投资价值，要看是否为真正具有实力的名家之作，因为收藏名家与非名家之作，意义和成效是截然不同的。

目前，砚林中的名人效应、名人价值并未得到应有的体现。伴随着收藏热的持续升温，砚料价格的不断上扬，砚林中开一代新风流派、具实力地位的名家作品，日后看好是当然，也一定必然。

砚　价

　　一般来说，砚价由这样三个方面形成：一是砚石的价格；二是创意设计；三是雕刻制作。

　　砚石是不可再生的，废掉一块，就等于永久地缺失了一块。砚石中的某些石品偶有见出，有的却是不知何月、何年得以一出的稀品。石品可贵可珍，可遇而不可求。砚石各有独特之处，特别之点。名砚石独特的形态样式，独有的天然色泽，伴生于砚石中的名贵石品，加上砚雕家独具匠心的创意雕刻，因材施艺，最终形成一方砚的总价值。

　　同等大小的一方砚，为什么砚价上有差异呢？

　　其一，材质不同。大小一样的砚石，质地、石品却并不完全一样。如苴却砚石，有的砚石是普普通通的黄色膘石，有的却是灿灿然一脉纯黄的稀品金田黄。有好石品的砚石，价值显然高于一般砚石。

　　其二，创意有别。创意是确定一方砚优劣高下的关键因素。有的砚看不到什么创意，雕出来便算是砚。有些砚却经过了砚艺家的巧思。比如，苴却砚中的龙砚，用来雕龙的砚石，基本上都是有石眼的料石。有的龙砚，仅雕出一条龙而已。有的龙砚在设计构思时即已在围绕材质的石眼进行。这样的龙砚，有龙眼注视着宝珠的（石眼），有龙爪朝向或紧抓石眼的，有结合石眼雕成龙眼睛的，这样的龙砚有画龙点睛之妙，蕴涵了砚雕家独出的匠心，其砚价及艺术、收藏价值与一般龙砚当然不同。

其三，雕刻水平的高低。砚雕水平的高低是客观存在的。砚的雕刻有高手、妙手和一般能手。作者的雕刻功夫不同，艺术理念与追求不同，雕刻出的作品也不同。个中有粗犷、细腻、深浮、浅刻等手法的各异，作者的水准、层次不同，施入工艺不同，艺术处理和艺术效果不一样，体现出来的艺术价值也不一样。

我们看到的砚，为什么有的砚卖价只有区区几十元，有的却数千

青花黄蕉鱼嬉戏图

砚林笔记

绿萝漫韵

26厘米×19厘米×3.9厘米

砚形团样。作者于团圆中，表达了
一脉行云漫开的思绪。砚堂间天然弥散
的绿萝，似云开后显现的一汪绿水，予
人以别样的逸趣。

元，还有的数万元，甚至数十万元。这砚与那砚，原料都是砚石，之
所以有这样大的区别，通过商家有意识的哄抬炒作，个中最本质的区
别就是好与差、优与劣之别了。

好砚，砚价是不好计算的，好砚的价值可以说无法估算。

一同行做了一方砚，爱砚者相中后问起砚价，同行说，这砚是不卖的，所以没有价。爱砚者想买下这砚又问不到价，心有不甘，回来找我的一位朋友帮忙打探。我朋友给这同行去了电话，说，人家看上了你的砚，你就开个价吧，同行的回答仍是不卖，价依旧没有开。朋友不解，将这情形说与我听。我说，好砚多是刻砚者的心血之作，倾心之作，不愿出让很是正常。

就我而言，每刻出一方好砚，我大都会有长长的一段兴奋期。每天都会惦念这砚，摆弄这砚，大清早起床的第一件事就是先看看这砚。

石头遗记

28厘米×19厘米×4.5厘米

　　料天然成形，状如书。作者应形施艺，就石作一书卷。凝练的下刀，层叠深入的刻画，精彩与老到，古朴与大巧，在漏透与细微中交相迭现。

好砚，并非雕砚者皆可刻出。一个毕生刻砚之人，未必能刻出一两方上乘之砚。刻好砚，需要制砚者的长期积累，需要对砚石的了解掌握，需要对砚雕艺术的认知和把握，需要综合的知识素养，需要机遇与灵感，需要制砚者对砚倾心的爱以及具体雕刻的专一与认真，需要制砚者昂扬的创作激情，行云流水般的心手相应，需要天与人、石与艺的合二为一。

制砚既劳心，又劳力。

太平通宝

30厘米×23厘米×3厘米

金地核桃花生图

此砚料石灿黄，类如核桃、花生之色，作者抓住这一特点，用写实手法，采以深雕形式，俏其色泽，精刻成砚。

作者没有如一般雕刻处理那样，将核桃、花生罗列其中，而是在具体的雕刻中采取多样、灵活的手法，将核桃、花生雕刻得浑然生动，几近乱真。细看作者刻画的花生、核桃，有的凸出，有的旁落，有的大中间小，有的隐里显现。即便是散落的核桃碎壳，作者亦雕得入细入理，逼真自然。

具体雕刻中，作者在多处妙手用刀，下刀果断利落，老辣浑成，尤其圆刀运用，看似不着痕迹却随意生发，可谓佳妙迭出。

砚林笔记

古色古香的砚艺专卖店
店内阳光照射，绿叶初展。

　　一方砚的制作，一般要经过这样的过程：

　　第一，先要在众多原始、粗劣的砚料毛石中，选取出合适做砚的砚料，创制一个砚形。在这一过程中，清洗砚石，翻来覆去地查看砚石是必不可少的一个过程。

　　第二，对厚、薄不一，石理、毛病不同的砚料进行初步处理或切割砚石。

　　第三，相石创意。这一阶段，需要对行将做砚的砚石做深入细致的了解，如石品怎样？制作过程中会出现什么情况等，了解得越深透，越有利于创意设计。

第四，具体雕刻。雕刻的过程，并非完全是按图施工的过程。制作一方砚，仅平刀、圆刀、铲刀、雕刀、打刀就需要数十把之多。一方看似平常的不起眼的成品砚，从雕刻起始到完成，耗去三五个工作日是常有的事。雕刻者对创意的把握能力，对整体的掌控能力，对适合于这方砚的表现手法的揣摩运用，对具体雕刻的深浅高低等，都得了然于胸，心领神会。

第五，砚雕好后，还要经过精心、细致的打磨。打磨，先要用粗砂石边洗边打磨，至基本平整，然后用细砂石细细打磨，再用粗砂纸边洗边磨，最后用细砂纸和水细磨。

第六，上蜡。

第七，命名或铭字。

第八，包装配盒。

相比画家、书法家动则几十万、数百万的艺术品价位，砚雕家通过这样一个艰难过程刻出的砚，目前的价值显然是超低的。和书画家作一幅画，写一幅字的价位收益极难相称。

赏　砚

砚是居于文房的。

文房者，文人的一隅天地。这天地可以不大，能窗明几净，有清风徐来，当然还得有一方亦人亦天、大小适宜的砚。

这砚若是古砚，上面当有古人研磨的旧痕，上面或有陈墨结凝，也可能砚边已有不大的顽缺，砚堂中已出现研磨后的凹凸。想文房中的主人，于新月丽空的秋夜，置杯清茶，抱砚于怀，临窗独坐，在绿柏、蕉阴下抚砚清赏，几多古往的神思遐想，将从这砚中油然生发。

这砚要是新制，是产于端溪的斧柯山，还是出自龙尾的古武溪，若是来自金沙江畔，那是砚林新贵苴却砚。如是松花砚，同样不可多得，因为砚石出产的地方乃是大清王朝的发祥圣地。

砚由石做。砚石生于先天，历数亿年的沧桑变幻，始成为合乎的砚料。这砚料生于石之骨髓，需去除多少麻石，经几多千万呼唤，才得以见天日，沐雨露。砚石来到砚雕家手中，又几经反复，推敲打稿，遇巧手琢刻，最终始成为一砚。

砚，有方的形式，圆的模样。方形砚看着方正严谨，圆形砚读来圆融可爱。砚的形式又不仅于方形、圆形。砚有砚池，用来藏水贮墨；砚有砚堂，以利和水研磨；砚有砚边，用来留水护墨。

文房中有了砚，这文房从此也就凝聚了书香气，添加了文士味。

有位砚的爱好者，他到我的工作室，边看我刻砚边说，他很喜欢我的一方砚，但是，不知如何欣赏这砚，他想请我介绍介绍。

他提出的，其实就是赏砚的问题。

欣赏砚雕艺术，一般来说，可从因材立形、设计创意与雕刻艺术表现三个方面来看。

先说因材立形。一方砚，在没成砚之前，只是一块砚料。砚料有砚料的特点。

其一，任何砚料皆有自身的形。形或方，或圆，或自然面貌，或

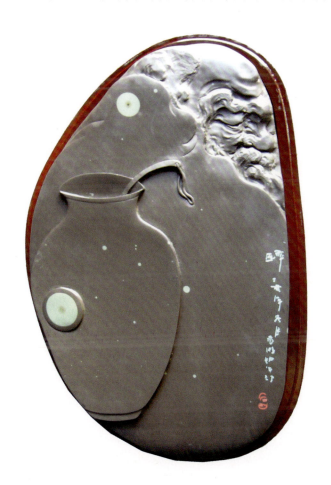

醉翁图
35厘米×23厘米×4厘米

天然形态。

其二，砚料多有色泽，如苴却石的黄色膘石、绿色膘石等。

其三，砚料可能天然伴生有石品，如石眼、金星、青花、鱼子，等等。

在因材立形阶段，形涉及的方方面面，是砚雕家设计创意时需要面对和必将考虑的重要环节。

再看设计创意。一方砚的设计创意，一定是根据砚料的特点构思而成。个中体现的是设计创意水平的高低不同。

最后看雕刻艺术表现。雕得像不像、细不细，刻画得真不真，是否活灵活现，生动传神，着重在于艺术表现。

▌天地悠然图

砚林笔记

█ 苴却石名品，水藻青花

砚林笔记

　　好的砚雕作品，创意生发于砚料，构思紧扣砚料的形，雕刻因材施艺，砚石与砚雕家赋予其中的形象相生而相合，同时又相得益彰，相映成趣。是天成的砚形、色泽、石品与人为的砚雕家的创意、艺术表现浑然一体的佳妙结合。

从更高层面上说，创作一方砚，心态、际遇、学识、阅历、境界的不同，对砚的了解、理解不同，砚雕家寓于砚中的意味、理念多有不同。

面对一块砚料，不同砚雕家会有不同的创意，不一样的艺术表现。

赏砚也一样，不同的人也可以根据自己的经验、学识、看法、想法，海阔天空地去赏。就像读《红楼梦》一样，你完全可以用自己的经验，学识去看、去读，也完全可以有自己的、全然不同于他人的认识和看法。

夏凉图
20 厘米×15 厘米×3 厘米

天来祥云

椭圆砚形，传统的门式砚样。一神态祥和的金佛端坐于天地间，石品金田黄，为其却石中的珍稀名品。雕刻过程中，作者有意去掉佛身边的黄色，以此凸显出佛的金色。

尤其值得称道的是，环绕金佛身边的那一脉祥云。这云形韵兼备，泰然安详，是雕刻时偶然出现的神奇，成于天而非人为。没有这一脉祥云，金佛略显单薄，而有了这佛光笼罩般的祥云，这砚顿生了无限的妙趣。

购　砚

　　有人说，选砚买砚，重在看"名头"。"名头"是艺术品交易行当中的行话，意思是选砚买砚，先要看买的砚是否为名家作品，要认砚雕艺术家的名气买。

左图为苴却石名品玉带，右图为彩虹冻

选砚买砚，如不是很讲究作品的档次、艺术品位，一般来说，看三方面就可以了。一是看石质与石品；二是了解题材与技艺；三是比较大小与价位。

陈列在文房店的砚，题材样式众多。要买到适合的砚，先应明确买的砚是用来做什么的。是用的，还是纪念、摆设？还是把玩？是自己使用，还是自己收藏，或者是作为礼品？还有打算买什么档次的。

是买下自己用，那就不必太多考虑石品的档次、优劣。因为石品着重于观赏、把玩、收藏，和实用关联不大。自己用的砚，应以挑选

蕉阴戏水图
35厘米×27厘米×4厘米

砚价不高但便利实用的砚为宜。实用之砚，重在石质。砚石的石质好，意味着这方砚的好用。

如买的砚是用来送人，是送人以用，还是收藏纪念？在买砚前，对对方的年龄、职位、喜好、层次、修养等能了解最好。因为不同题材的砚送到不同人的手上，意义大不一样。比如，龙的题材，送给过生日的小孩，寓含望子成龙之意，这就很好。松鹤砚送给老年人，也很受长辈的喜欢。如将松鹤砚送给一年岁不大且身在仕途的官员，显然就不那么适合。有了以上准备后，可从以下几个方面具体着手：

其一，尽可能地了解你选购的砚种特色。如果你打算选购端砚，

苴却石背刻，竹林高士图

对端砚的砚石、石品，设计、雕刻艺术特色，不同规格的砚雕价位等要一一了解，而且了解得越详细越好。

其二，尽可能地多了解些作品的优劣、差别。须知，同样是名砚，同样的大小，个中的区别有可能是千差万别。

其三，多选择一些同等价位或相近价位的砚问问、看看，在做了

星月抚琴仕女砚

42厘米×28厘米×4厘米

欲取鸣琴弹，恨无知音赏。星辰点点，一月浑圆。蕉叶下，一抚琴仕女侧向而坐，画面空寂，清静，寥远，全砚洗练而洁净，一脉淡淡思绪在砚中弥漫。

对比以及了解后再决定买。这是选购砚雕艺术品中行之有效的法则。砚的好与不好，多是通过对比产生的。多看多问，多做对比，这样选购的砚总要好些。

买砚时，也可和店家做些交谈。可以的话，亦不妨谈谈自己买砚的用意。

我曾遇到一位买砚之人，她是一位高校教师。交谈之中，我了解到，她即将去日本做访问学者。听人说，日本人喜欢中国的名砚，于是她找到了我，想买下一方砚送给日本的教授。在选砚的时候，她看

▌苴却石背刻，茅屋观书图

砚林笔记

重了我的一方形态可人、意境清新的绿石苴却砚。该砚用大写意的手法刻有两片荷叶，一朵荷花清丽盛开，荷叶下还雕了一两尾小鱼。她非常喜欢这方砚，问了问价，即要掏钱买下。但是，当我知道她买的砚是带到日本去送人时，却劝她另作选择。

我告诉她，中国人很喜欢荷花，喜欢她的高洁与不染。但是，在日本文化中，荷花却是死亡的象征，如果买下这方砚送给日本教授，效果可能会适得其反。

她听后先是吃惊，然后连说她太有幸，运气太好了。我重新给她推荐了几方别品砚，选定后，她再三地对我表示了谢意。

金黄朦核桃花生图
42厘米×18厘米×3.9厘米

市场上的砚，林林总总，什么样的石质为好，什么样的石质为不好，不太易于看得出来。尤其砚石的石品，品种多样，品类繁多。就以苴却砚的著名石品"眼"为例，仅石眼就有十多种类别，个中的好与不好，制砚者看得出优劣，而一个对砚知之不多的买砚人，要看出个中的高下却很难。不过，难归难，买砚人在选砚时还是有必要细心辨识砚石，仔细了解石品。

有些砚书喜欢搬出古人的选砚方法。说选砚时要一敲，二洗，三掂，四摸。敲，是听声音，敲或洗，主要是看砚石有无内伤、裂痕。

苴却紫石带盖巨眼砚

砚林笔记

在大多数文房店里，选砚时你用手指弹弹可以。不过，要店家同意，你把砚拿去洗洗、看看可不就是一句话。

用古代砚谱上介绍的掂、摸方法选砚可以吗？掂，主要看比重。同样大小的砚，重者的密度高。古人认为，密度高者利于实用。这事实上未必正确。抚摸，凭的是对砚触摸后形成的细微的手感。业内人士做得到，一般人却难以得到这种感觉，且现在的砚打磨普遍细腻，加上打磨后都要上蜡，原石的感觉早已没有，你抚摸得到的感觉是上蜡后的感觉。

有人买砚，喜欢选雕刻少的砚买。刻得少的砚，有的艺术语言简洁、精练，却寓意深远。以少少许胜多多许。对这样的砚，飞鹏从来赞赏有加。

▌其却紫石带盖的巨眼砚侧面

还有一类刻得少的砚，这类砚因为雕刻者手上功夫弱，雕刻语汇少，实在无法雕出什么，应当雕刻到位的雕不进去，下不了刀，这样一些雕得少的砚，虽雕得少却应另当别论。

　　有些收藏界的朋友，喜欢直接和砚雕家交朋友，找制砚家本人买砚。他们不仅在制砚家手上买到了好的作品，同时在砚石、石品及砚艺的了解、认知上取到了真经，砚上大多留下了砚雕家的刻字作铭。如条件许可，这当然是选购好砚的理想办法之一。

砚林笔记

砚林笔记

砚　藏

　　砚的形制、品色、工艺越佳，持有者越不愿意轻易拿来研磨使用，于是，实用的砚逐步形成砚藏一脉。

▌宝聚图

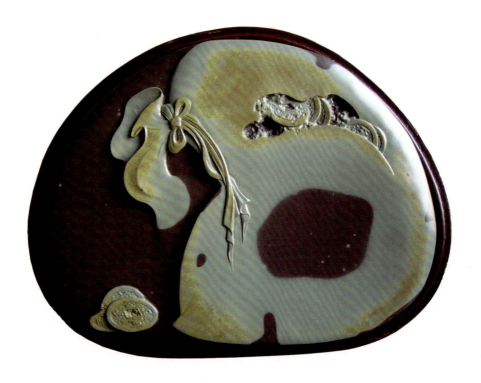

藏砚，刨去古砚，当今砚林的名砚、名家制砚是砚藏的首要之选。

理由之一，名砚在砚林中有着巨大的、深远的影响力，具有非同一般的文化遗存价值，一般砚类远不能与之相比。

理由之二，砚石资源是不可再生资源，砚石中的名砚资源更为珍稀。名砚中的名品、稀品可遇而不可求。

理由之三，名砚中的名品、稀品，加上名家独出心裁的构思，独具匠心的施艺，其作品堪称举世唯一、稀世独有。这样的艺术品具有被藏界广为看重的"孤品"性质。

理由之四，名家制砚是名砚之冠。名家所制之珍贵名砚，并非一定不能等同于珍品字画、玉石古瓷的价值。

理由之五，在用砚人群加速递减，制砚工艺后继乏人的今天，这一代为数不多的砚林名家，传承、掌握精湛技艺者已屈指可数。又因

其却石绿萝珍品，椭圆形素砚

为制砚不同于作书绘画，是一刀一刀、慢工雕出的"细活"。因而，他们留存于世的砚，总体数量有限，因稀生贵。

理由之六，名家制砚，是迄今为数不多的、没经过炒家炒作的艺术品。名家制砚虽不乏有识之士收藏，但名家的名人效应、影响力尚未显现。从价位上看，近几年因砚石上涨，名家制砚的价位虽有所上浮，但总体上仍是价位过低。

藏砚者在选择藏品时，注意一些"面"大有必要。如藏品本身具什么样的材质特色？有什么样的著名稀品？是什么样的手法特点？独具匠心在哪里？珍稀在什么地方？具何样的收藏价值等。这是名砚收藏中须注意、要讲究的相当重要的方面。

试以苴却砚为例。

苴却砚是名砚。在制砚界，苴却砚享有砚中奇品、砚坛黑马、砚林新贵的美誉。苴却砚的出产，总体规模很小，从业人员不到300人。在现阶段，苴却砚的声名算不上家喻户晓，但从众多喜爱的人群中可看出它日近趋旺的征兆。

苴却砚石天然伴生有异彩纷呈的眼。收藏苴却砚，很多人不知如何区分石眼。石眼的优劣、档次不同，收藏价值大不一样。

以下介绍一些门道。

门道一，静心细看。细看苴却砚的石眼，你会发现，看似相同的石眼其实各有不同。比如，同在一方砚中，有的石眼上有细小的斑点，有的石眼则没有。还比如，有的石眼心睛明晰，有的却若隐若现。砚的不同，砚中的石眼也会有所不同。有的砚，砚石石眼色泽鲜亮，有的砚，石眼整体呈灰暗之色。

门道二，神采第一。辨别苴却砚的石眼，可先不要理会砚中石眼的大小多少，而应把神采放在第一。好的石眼青绿如玉，睛瞳分明，神采奕奕，碧翠神溢。

有了以上过程，选出了有神采的石眼，至此可以再来看石眼的大小和多少。大石眼当然好于小石眼，石眼多的显然好于石眼少的。

　　有人在谈及苴却砚的好与不好时，喜欢以石眼做比较，这当然片面。因为石眼的好仅仅是好的一方面，但以此却不能证明一方砚的好与不好。

　　收藏苴却砚，艺术价值高的作品具有哪些特征呢？

　　其一，砚感强。艺术价值高的作品，不在于雕刻手法上采取的是什么样的形式，是深浮雕还是镂空雕。表现形式可以不同，选取的题材可以各异，一样的是都必须具有浓郁的砚雕语言，有鲜明的砚味、砚感。

　　其二，构思妙。艺术价值高的作品，有砚雕家独到的创意构思，看似意料之外，实在情理之中，匠心与砚石的石色、石品、形态等做到了相生互融。

　　其三，线条佳。艺术价值高的作品，有功力深邃的线条。砚的形

烟波挥杆图

成很大程度上是由线架构而成。线有刚劲、柔和、动静、飘逸、主次的不同。不同的线各有性格，适用的题材不一，呈现的效果各异。上乘之砚，线条把握有深度、有尺度，线条做工严谨，施线有如神出。读来张弛有度，天趣自然。

其四，工艺巧。艺术价值高的作品，不在工艺是否繁复，不在雕

烟江独钓

26厘米×22厘米×3厘米

星隐荷塘

　　荷，静默舒展。月，半隐天际，两田蛙错落有致的伏于荷塘，水里江南的景致，跃然砚上。

星湖流瀑
41厘米×15厘米×3厘米

刻是否立体，是否悬浮，更不在砚石的石色是否好看。而尽在工艺表现能否因材施艺，巧夺天工。其工艺之巧是一虽由人做、宛若天开般的妙、巧。

其五，文化味。艺术价值高的作品是蕴涵文化味的作品（见"文化味"章节）。

整体上看，艺术价值高的作品，在于砚中雕刻的工艺性和艺术性。在砚石质地，在特色名品，在一方砚整体的形、色、品、工、意、铭等恰到好处的融合。

砚林笔记

绿石仕女
20厘米×15厘米×3厘米

投资收藏名砚或名家之作，须谨记三不方针。

其一，不要计较大小。一砚之制，石乃天成。砚石的大小非砚雕艺术家可以定夺。砚林名家，各有个性特色及独有的一面。喜做鸿篇巨制者有之，喜做方寸小砚者亦有之。有的人做大砚利于发挥，有的人做小砚神采独出。

其二，不要错过时机。有些藏砚者，名砚藏了不少，砚的升值空间还是那么一点点，为什么呢？与他买的砚相关。

婺源古城门

方正的青石缝里，有几多唐宋名士的千古绝唱？缠绕的藤蔓间，有多少古往今来的奇葩诗章。

摄影　陈正东

我认识一位藏砚人。数年前，他看中一方名家制砚，当时砚价是1300元，砚拿到手上看了又看，放下了。在家犹豫了几天，等到再去看时，那砚已被人买下拿走。过了两年，他又看好一砚，砚价是3500元，他和以前价位两相比较，觉得砚价格涨多了，价贵了，没买。前

泊舟清溪图

45厘米×18厘米×4厘米

　　泊舟清溪，山高月远。又是一年月圆时，今夜渔舟上，谁在寂寞中举杯望月，对酒清歌，把酒问青天？

年这个名家做的一方砚，他又相中，一问砚价，卖价已上升到8000元，他看着直摇头。去年，此砚以15000元被人购藏。他和有升值空间的砚就这样一次次地错过了时机。

其三，不要一味求全。有人说，值得投资收藏的砚，是质地、石品、设计构思、砚雕工艺都不错的名家制砚。从收藏角度来说，这样的好砚才是最有收藏价值、最值得投资之砚，才是升值空间最大的砚。这话对吗？对的。不过，太过于求全。收藏名砚，名家制砚当是首选。如是名家制砚，又是名砚中的名贵稀品，质地、色泽又好，当然是更值得收藏了。不过，石品珍稀的砚、质地优异的砚、色泽奇异的砚，或构思创意好，或刀功技艺绝的砚，也是值得收藏之砚。

东坡喜欢藏砚。每到一处，他必寻访好砚，是一个知道谁有好砚，一定要想方设法搞到手的人。在他去世前的一个月，因为砚，他还曾在金陵与爱砚如痴、人称"米颠"的米芾见面。

米芾（1051—1107），字元章。号鹿门居士、襄阳漫士、海岳外史。北宋书画家、鉴赏家，亦是古代大藏砚家，撰有《砚史》一书。为了心宜爱砚，米芾是个在皇上面前也敢变着法儿巧取、索要的砚痴，是个可以抱着砚入睡的"家伙"。其时的米芾，正在爱不释手地赏玩着一方琅琊紫金砚。紫金石砚，宋高似孙《砚笺》曾有记载：石质坚劲而色紫，石出山东临朐。米芾对这方砚喜爱有加，称其是人间之第一品砚。

听说此砚的东坡闻风而至。一看见这方朗润可爱、色若紫云的砚，东坡的眼睛都发直了。最后，他竟然不顾斯文地强抢下这方砚，头也不回地溜了。回到家，一直到病重，此砚仍相伴在身边，弥留之际，他还念念不忘地再三叮嘱后人，自己的随葬品中，一定不能忘却这方砚。

说到藏砚，让我不得不写的还有一位日本人。他的了得之处，是以个人的一己之力，将中国清末民初《沈氏砚林》所记载的158方砚尽数收藏。一个外国人，藏的是中国的砚，而且是全部的158方砚，同时又是清末民初即已记载的砚，这些砚在没有到他手上以前，都散落在哪儿？这些砚可以，也可能藏身在世界上的任何一个角落，但他全部收到、收全了。他叫桥本关雪。

这样的砚藏，意味着什么呢？是为收藏一种物化的文化遗存，抑或一截令人感伤的历史？是一份念想，一种占有，还是一脉怀旧、思古的情怀？这就像各个相异之人心灵深处的"东西"，让人如何也难以意会，无从言说。

砚林心语

一

世上本无砚。先人创造了它，让它有了砚额、砚身、砚的面目、砚的语汇，赋予了它特有的质感与灵性。

做像一方砚，雕像或人、或虎、或鸟、或树，只是制砚的基本功夫，却非高远层面的制砚。

置身于砚乡，读先人的优异砚作，领略他们过人的创意、刀味，日久天长，耳濡目染，你平添了许多砚的传统识见，感觉到的是先人越来越多的伟大。

一天天的，你做着所谓正宗、像砚的砚，当你终于做出空灵而圆润的池，刚毅或有韵致的线时，你呢，你在哪里？

二

学习刻砚，第一，是多雕砚；第二，还是多雕砚；第三，仍然是多雕砚。

学砚一定要多雕，要有"量"。初始学砚，刀拿不稳，锤的轻重更不好掌控。下刀忽深忽浅，刀看着指向东面却偏向西行。这种情形，

吉庆有余

　　相石刻砚，应材作鱼，飞鹏乐而不倦。飞鹏写鱼，重在写其自在自由之态，重意会而不在形似。此砚石形特异，砚似是而不尽然，鱼则一任地自由自乐，别出新趣。

动手学习、练习过砚雕的人多有同感。

　　在我的老家婺源游山村，村口有一凉亭。凉亭，过去是行者歇脚之地。我读中学时，凉亭一度成为铁匠铺。亭里的墙上，写有一打油诗，诗曰：铁匠铁匠，三锤两望。好好学习，天天向上。

学打铁不易，那是硬邦邦的一锤锤打出来的功夫。学砚亦难。记住三锤两望，制砚的基本功夫，同样，靠一锤一锤地敲打得来。

攻艺贵在坚持，有道是，走过去，前面是个天。攻艺者既要有所为，还要做到有所不为。既要钱，还要名，鱼和熊掌想兼而得之，如何才能走过去，又如何才能走得过去呢？

做砚，不能这山望着那山高。这也好，那也不错，东抓一把，西敲一下，须知人生有限，成事尽在专一。

做砚，要多在把握砚雕语言，凸显砚雕语言，突出砚材特色上下心力，用真功。切不可满足于小范围的"好卖"和审美层面一般者的"叫好"。因为，被审美层面一般的人看好，作品一般还是一般。暂时好卖的砚绝不等同于好砚，好卖改变不了作品的品位和档次。

迷醉于局部的刻砚，往往是只见树木，不见森林。

一次次地下刀，不应是一次次盲目地添加，因为盲目地添加，看着"东西"叠增，砚的艺术价值却在一次次递减。

有人做砚常爱算计，算自己手上雕的砚，大概可以卖多少钱，值多少银子，当他算着再刻也就是这么点钱时，可以继续雕刻的砚他不刻了。钱，令他放下了手中的刻刀。

做砚就专心地做，一心念想着手中的砚做出来值多少多少的钱，你做的这砚还能值多少钱呢？

中国古代有一画家，有感于画画与卖画，写了一首这样的诗：

雨里烟村雪里滩，

见时容易画时难。

早知不入时人眼，

多买胭脂画牡丹。

这首诗里，有高雅与低俗、识见与时兴、感慨与喜好、个人追求与市场追捧等多方面的关系。

你刻的砚能入时人眼帘吗？如也不能得入，你是否不再坚持自己的艺术信念，是否也"多买胭脂画牡丹"呢？

三

飞鹏在砚林略有微名。数年前，一著名媒体提出要写篇专访，标

荷塘蛙趣图

24厘米×9厘米×4.5厘米

料横长，多直线而少曲线。这样的砚料，很容易将砚做得板滞。此砚作者从紫料上一细小石眼入手，巧以绿眼为田蛙的眼睛，作一伏于荷叶上的田蛙。砚就石下刀，一气呵成，蛙神完气足，呼之欲出。

题是"苴却砚雕第一人"。

著名的媒体，"第一人"的头衔，有多少人在梦寐以求。

但我没有促成专访的写出，没有专营利用这一可以扬名的"机会"。

这样一篇专访，记者告诉说，有人出银子也上不了。砚林中，和不少行业的现象一样，有为经营自己的一亩三分地，四处活动，花票子买"帽子"，想方设法地往自个头上安的。

苴却砚是当代中国新四大名砚中的名砚，有"苴却砚雕第一人"的头衔，有媒体的生花妙笔与推波助澜的宣传报道，意味着我可能因此由微名到闻名、驰名。伴随知名度的提升，仰慕我、知道我的人会

紫石绿膘人物砚

越来越多，于是买我作品的人也会跟着增多，于是银子也跟着能增多啊。

"苴却砚雕第一人"的分量，名扬四方带来的名利双收，飞鹏安能不知。

<h1 style="text-align:center">四</h1>

一砚的制作，或因材施艺、砚味浓郁，或妙于新创、匠心独具，或自然浑然、寓书卷气息于其中。大砚有大砚的气势、分量。正常比例的砚也有自己的精致、佳妙之处。

参评国大师，有人喜在砚的大与小上花心思，在带大砚还是带小砚方面做文章。砚艺作品的高下优劣、好与不好，关键在于砚雕艺术语汇的掌握和应用，在于如何因材施艺，在于别具匠心的创意，在于独树一帜的雕刻，在于砚本身的好与不好，而一定不在于砚的个头有多么巨大。

我以为，砚林中最见功力、最能体现砚雕艺术家水平的砚，不是花很多时间、下许多力气夯出来的，而是砚艺家日常所做之砚。

中国工艺美术大师，国家级、非一般的大师。站在一定的层面说，国大师是国家某个行业、领域的高水准人才中的代表性人物。就制砚界而言，成为大师的人，他的作品、他的艺术理念，应足以影响他所从事的砚种，甚至于影响一个时代。

一个实至名归的艺术家评上国大师，是荣耀，是幸事。一个功力不至之人，挖空心思地谋取到国大师资格，对其心灵、对他的艺术人生也将带来不小的，乃至挥之不去的影响。

2006年，国家展开了第五届中国工艺美术大师的评选。评国大师，要带上自己创作的作品到省城参评。先在省内取得国大师候选人资格，然后进入北京参加国家级大师的总评选。

中国工艺美术大师，是国家授予全国工艺美术行业中成就突出的艺术家的最高荣誉。按理，国家授予"中国工艺美术大师"称号，应是国家对有实力、有追求的砚艺家所作的官方肯定、认定。能成为官方认定的国大师，对任何一个在制砚行业奋斗、打拼多年的人而言，应算是莫大的慰藉。

在四川，经过省里组织的艺术界方面的权威专家评定，我成为四川省公示的十六个候选人之一，成为唯一代表攀枝花苴却砚进入四川省十六强的、第五届中国工艺美术大师候选人。

自得

浑浑然一团，不媚不俏。平和，泰然，顽老，自若。自得砚或点或染，下刀练达浑成，如与神会。与其说刻的是砚，不如说是作者的砚艺心迹、情怀感悟的传达与物化。

五

飞鹏是四川砚雕家中唯一一位受聘于高等院校的客座教授，是四川省工艺美术大师，是高等学校中第一个砚文化研究所的所长。飞鹏为苴却砚培养了不少砚林传人，其中一些徒弟也已是省级的工艺美术大师。

在砚艺创作上，我曾荣获的第十一届北京全国文房四宝博览会暨首届全国名师名砚精品大展的金奖和银奖，是苴却砚中第一个个人荣获的专业重奖；创作的《幽》砚，是迄今为止唯一一方被国内著名博物馆珍藏的当代苴却砚，是首开新苴却砚入藏博物馆先河的第一人；我设计、主持、主刀雕刻了苴却砚史上的第一巨砚——一方重达一百九十公斤的苴却砚，为苴却砚捧得了级别最高的国家级政府奖——中国艺术节金奖。

在砚学探索及理论研究方面，我撰写有近三十万字的专业文稿。在《中国文房四宝》等国家级报刊上，先后发表《砚形刍议》、《砚石与择材》、《石品、色彩与制砚》、《边刻边想关于砚》、《试谈砚雕艺术的肌理运用》等多篇砚学论文；著有《苴却名砚》等五部专著，出版有《中国当代名家砚作集》、《苴却砚的鉴别和欣赏》和《砚谈》。

有文章称我为学者、砚雕家。一位先生看了我的数本砚著，却这样说，希望下次看到我时，知道我住的是什么样的新居，驾的是何样的名车，而不是又出了什么新著。听到这些，致力于砚学研究，一直为"砚"做事，情深于"砚"事的我，不免一阵愕然。

飞鹏坚信文章千古事，坚信著书立说乃学艺、攻艺、成艺之人的

砚林笔记

古汉遗宝

31厘米×22厘米×3.9厘米

刻山刻水，雕人雕物，刻得像并不难。雕像外圆内方的钱币也一样。从不像钱币到雕得相像是一进步，从雕像一钱币，到雕出一组钱币也是一境地。将不同角度的古币聚于一砚，营造出别有洞天的氛围、意境，刻到层叠错落，聚合有致，虚实相间也是一境地。

关于钱币的题材，我曾执意封刀良久。之所以无心再做，缘于没有找到令人振奋的创作冲动。此砚雕刻能出形似而见浑朴，能于古拙自然中见书卷气、金石味，尤其没有钱币砚中常见的世俗气，堪称难得。

崇高境界。

著书难。写作中不得不经过的时断时续，数易其稿，个中艰辛，我亦算深有体会。加上飞鹏不愿按通常砚著中熟悉的路子、框架写作。不愿一味地翻来覆去地罗列石品，没完没了地抄录古籍砚谱中的文字。这样写一本书，个中之累自无须细述。

却没想到作为写书人的我会读着自己写的却不知谁出的书。没想到废寝忘食、呕心著就的书竟然如此轻易地被一本本盗印，更没想到盗版书还堂而皇之地在书店里卖着。

六

中国当代制砚的总体水平如何？不同砚种间的艺术风格又怎样？有没有可能将当代名砚家的作品汇聚在一起，编辑成一本以作品图例为主，兼介绍作者、作品特色的书呢？

基于这样的初衷，我提出了编辑当代砚雕家作品集的出版构想。这本书，可以选入近百方当代砚作，入选该书的作者，可以有活跃在制砚界的国家级、省级的工艺美术大师，可以有不同砚种中的砚雕艺术名家的名作力作，有砚林中位居前沿的知名砚雕家的作品，也有正在形成风格的砚林新锐的名砚新作。这样一本书能得以形成吗？在中国著名砚台鉴定专家蔡鸿茹先生的首肯下，我开始着手了这本书的前期工作。

2005年，在中国砚林人的关注中，这本书由湖北美术出版社正式出版，书名为《中国当代名家砚作集》（以下简称《名家砚作集》）。

《名家砚作集》，选入了活跃于当代砚林的、大多数砚雕名家的作品。个中有他们的代表作、成名作，也有他们的最新力作。从题材上看，作品有创新、有拓展。在砚艺雕刻上，风格、手法也有多样性展

淴水江南巨砚

91厘米×30 厘米×4.5厘米

砚料形如长卷，为设计此砚，飞鹏曾一度在家潜心读书，闭门谢客。该砚的创意灵感，缘于睡梦中与江南小西湖的神会。碧眼、青花、黄膘、绿膘、金线、银线、绿萝玉、黄萝玉等名贵石品，在此砚中皆有见出，可谓云集苴却砚名贵石品于一身，该砚不仅在石品上创下苴却砚的单砚之最，而且其中的紫微石眼，为当世苴却砚中所仅有。

露。从不足上说，我个人认为，书中有以下几个方面的缺憾：

其一，洮河砚、澄泥砚的缺席。洮河砚与澄泥砚，是中国传统四大名砚中的两大名砚，在砚文化发展的历史长河中，这两大名砚皆出过名作、力作。当代洮河砚、澄泥砚，我们非常希望有名家新作入编，可惜未能如愿。

其二，海派风格的砚雕作品没能编入。在编辑《名家砚作集》的过程中，为了将独特砚雕风格的海派作品编入《名家砚作集》，我们也做了多方努力，我自己亦专门写过书信去上海，可惜因为新旧地址不详，未能及时联系上。

其三，没有选编到当代女性砚雕家的作品。

其四，端砚、歙砚的缺憾。

入编《名家砚作集》的端砚名家及其作品，有的得到中国工艺美术大师黎铿先生的亲自举荐，有的则是通过端砚协会的直接相助。从整体上看，端砚的群体风貌基本上得到了展示，从作品独创性看，鲜见个性化作品应是现时端砚的缺憾。

歙砚，在歙县方面，尽管《名家砚作集》中有歙砚名家方建成先生的作品，但因为还有一些前辈名家或砚林新锐的作品没能编入，体现得也并不全面。

从意义上看，《中国当代名家砚作集》，是目前反映当代中国制砚全貌和整体艺术水平较全面的一本书。书中尽可能地展示了当代不同砚种间二十位名砚家的作品现状、特色与风采。当时中国制砚界仅有的三个国家级工艺美术大师黎铿、赵如柏、刘克唐先生的作品全数编入。在婺源，我得到了为龙尾砚艺术风格形成做出过突出贡献的王涧石恩师的大力支持，也因此，我们在书中可以见到王涧石先生极其简约却意蕴深远的《耕耘砚》，灵感来自古典诗词的《听雨砚》，才气横溢的有着天才般线韵的《五蝠砚》。

烟波一梦里

48厘米×24厘米×3.9厘米

孩提时代，飞鹏徜徉河边，见雨篷船上的渔人，或撒网，或垂钓，独来独往，如行云流水，自由自在，尤心仪向往。

浸润砚林近三十年，飞鹏每每作砚，爱写渔人之心性一直未变。此砚之渔者，不同于往岁之作。砚之主体，俏绿石作一渔舟。渔舟中，老渔翁在芦苇伴随下已然昏睡。云层里，弯弯的月亮半显半隐，渔舟下，一湾绿水依稀说着悄悄话。全砚清静寥远，宛然如烟波梦境。

七

外公画一手好画，身居婺源游山。邻近的景德镇瓷厂，曾多次邀他"出山"，外公难舍家园，终于没走出山里。

我没学外公。二十八岁便离开了文脉昌盛、地灵人杰的婺源。"出山"入川，进入拥有秘彩苴却石的攀枝花市。对于我的一意孤行，北京著名的名砚收藏家陈国源先生直言不讳地说，我认为你还是应该刻歙砚，刻歙砚事半功倍，到攀枝花你将很难。说来也怪，在我刚入川不久，一个偶然相知的文人对我说，你不应该来。你的清新、秀雅，在这将鲜有知音。有感于飞鹏入川的中国著名古砚鉴定专家蔡鸿茹感慨道：苴却砚的进步，你功不可没，为苴却砚，你真不容易。

值得欣慰的是，名砚的制作技艺已纳入国家非物质文化遗产的保护范畴。对稀有的不可再生的砚石资源，不少地方正在加大、加强保护力度。作为我国传统的手工艺术品，正伴随持续升温的收藏热潮，中国砚林已旺象渐显。

八

相石刻砚，岁岁年年。

从不知砚为何物，到自然随心地制砚。从刻出好砚的忘形，到知音渺渺的落寞。与故乡天各一方的这些年，我孤独地在砚林跋涉着。为刻刀下忽来的得意忘形，为砚料暴涨带来的可能面临的"无米之炊"，为不觉中陡增的一丝银发，为不知的丹青，为苴却为砚，时而心忧，不时雀跃。

居砚林一隅，相看苴却石的斑斓，为爱的家园，我将继续歌唱，为年轻的不知蜀道有多难的"出山"。

附录　中国砚类产地新览

端砚　产于广东肇庆市。

歙砚　产于安徽歙县、江西婺源。

洮河砚　产于甘肃卓尼县。

澄泥砚　主要产于山西五台县、定襄县、新绛县等地。

红丝砚　产于山东益都县。

松花石砚　产于吉林通化市。

苴却砚　产于四川攀枝花市。

漆砂砚　产于江苏扬州市、安徽黄山市。

贺兰砚　产于宁夏银川市。

徐公石砚　产于山东沂南县。

澄泥石砚　产于江苏吴县。

易水砚　产于河北易县。

菊花石砚　产于湖南浏阳市。

天坛砚　产于河南济源市。

罗纹砚　产于江西玉山县。

金星宋砚　产于江西星子县。

石城石砚　产于江西石城县。

青溪龙砚　产于浙江淳安县。

越砚　产于浙江绍兴市。

乐石砚　产于安徽宿州市。

柳砚　产于广西柳州市。

龙池砚　产于福建将乐县。

西砚　产于浙江江山县。

龟石砚　产于山东临朐县。

思砚　产于贵州岑巩县。

金星石砚　产于山东费县。

辽砚　产于辽宁本溪市。

燕子石砚　主产于山东泰安市。

凤羽砚　产于云南洱源县。

田横石砚　产于山东即墨市。

淄砚　产于山东淄博市。

黎溪石砚　产于湖南芷江市。

织金砚石　产于贵州织金县。

尼山石砚　产于山东曲阜市。

舞凤砚　产于湖南桃江县。

赭砚　产于江西修水县。

水冲石砚　产于湖南吉首市。

黄石砚　产于河南方城县。

薛南山石砚　产于山东苍山县。

紫金石砚　产于山东临朐。

衢砚　产于浙江开化县。

嘉峪砚　产于甘肃嘉峪关市。

温石砚　产于山东即墨市。

浮莱山石砚　产于山东莒县。

台砚　产于山西定襄县。

磬山石砚　产于安徽。

谷山石砚　产于湖南。

略阳石砚　产于陕西。

蒲砚　产于四川蒲江县。

寿春砚　产于安徽。

砣矶石砚　产于山东长岛县。

嘉陵峡砚　产于四川合江县。

泸石砚　产于四川泸州市。

天波砚　产于四川珙县。

万州砚　产于重庆市万州区。

夔州石砚　产于四川奉节县、云阳县。

白花石砚　产于四川广元市。

北碚石砚　产于重庆市北碚区北温泉。

潭柘紫石砚　产于北京。

玉带石砚　产于浙江。

蜗牛石砚　产于浙江。

兴义砚　产于贵州兴义市。

大沱石砚　产于湖北。

仁布砚　产于西藏。

螺溪石砚　产于台湾省彰化县。

后　记

砚是中国文化之传遗。

不经意间，用砚的人群在递减，砚的收藏却在悄然升温，砚的制作工艺正在被国家列入非物质文化遗产。

也在不经意间，听到拍卖场上古砚不断竞出高价。

砚价在走高，料石在暴涨。我刻着砚，伴随砚热着。

砚林，不再悄悄然。

攀枝花苴却砚，不时总有些天南地北、海内海外的，认得的和不认得的人们，在看砚、赏砚、买砚、论砚。2006年，一位来自祖国宝岛台湾的爱砚的老先生，更是一次买下五百多方苴却砚。

砚林热了起来。关心飞鹏的朋友说，你不要就待在工作室，整天刻砚刻砚的了，你应将苴却砚做大做强，干嘛不做大做强呢？

我依然刻着砚，一天天依旧。知道尚属少年的苴却砚正在成长，知道自己将砚做大做强会有好的"钱"景。在没钱万万不能的当今，能多挣些票子有何不好？

我依然如故地刻砚、著文。没考虑做大，没念想做强。一个人在清寂静寞的路上，探索着砚艺。

飞鹏的作品，也被爱砚的祖国宝岛台湾人选购数方。砚被祖国宝岛台湾人收藏，当时有些许得意，也兴奋了一阵。过后，想到自己做的砚，隔着一条亦近亦远的海峡，要看却再也不易看到，酸楚也油然顿生。

自己雕的砚就像自己的孩子。我是个善感之人，曾经在攀枝花市，看到一方自己做的久违了的砚，热泪当时竟盈眶而出。

刻砚，是自己爱做的事。刻砚还能挣些银两，改善生活。这世上难得有比这更美的事了。

2008年2月8日再稿于俞飞鹏砚雕艺术馆